Woolly Hugs

LUSTIGE TIERKISSEN häkeln

KUSCHELFREUNDE FÜR GROß & KLEIN

VeronikaHug.com

AF637456

CV

Inhalt

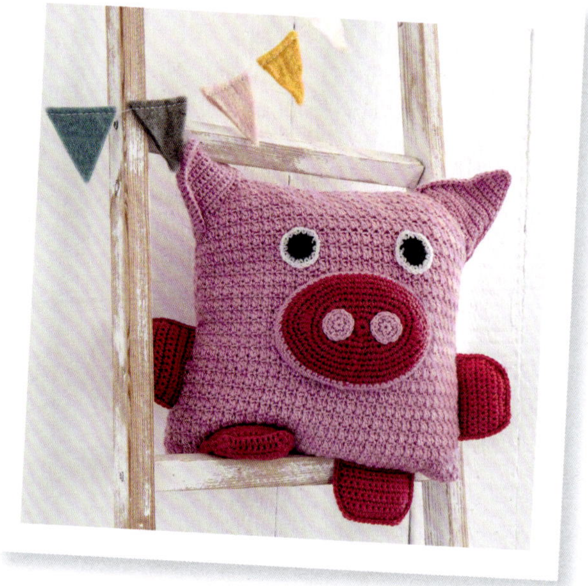

Liebe Tierfreunde!

Eine lustige Bande Tiere hat sich als Kissen-Pate bereitgestellt und wartet darauf, nachgehäkelt zu werden. Bei den Vorbereitungen zu diesem Buch hatte ich viel Spaß – und manchmal auch ein bisschen die Qual der Wahl, welche Tierart noch mit ins Buch darf. Wir waren bei den Haustieren unterwegs, sind durch Wald & Zoo gestreift und haben natürlich auch die Wasserwelt nicht vergessen. Denn Kissen kann man wirklich nie genug haben. Schon unsere Kleinsten begleitet oft ein Schmusekissen von Anfang an und solch trendige Tierkissen dürfen gerne auch noch bei Teenagern auf dem Sofa warten, bis sie mal wieder so richtig geknuddelt werden. Wer sich durchs Buch blättert, findet bei der großen Auswahl sicher bald sein Wunsch-Modell und möchte auch gleich loslegen.

Selbst wer noch nicht lange häkelt, findet hier Modelle, die leicht nachgehäkelt werden können. Vom einfachen Schweinchen oder Äffchen, über den Eisbären oder das Schaf, könnt ihr euch Tier für Tier bis zur Schildkröte oder den Hai vorarbeiten. Ausführliche Anleitungen bringen sicher ans Ziel und schon bald kann das Kissen zusammengenäht und ausgestopft werden. Im Buch wurde für alle Tiere die Qualität CHARITY von Woolly Hugs verwendet, da sie bei 40 Grad waschbar ist. Verwendet daher Füllwatte oder Innenkissen, die ebenfalls bei 40 Grad gewaschen werden können. Dann wandern die Kissen ganz einfach immer mal wieder in die Waschmaschine, wenn sie vom vielen Schmusen und Knuddeln einige Gebrauchsspuren bekommen haben.

Ein großer Dank geht hier an Sonja Prell, die mit viel Liebe zum Detail die Tiere gehäkelt hat. Achtet beim Durchblättern darauf – oft benötigt es gar nicht viel Detailarbeit um einem Tierchen zum Schluss den nötigen Pfiff zu verschaffen: Ein paar Knopfaugen und einige Stickstiche und schon strahlt das fertige Tierchen euch fröhlich an.

Also – worauf noch warten: Die Kissen-Produktion kann beginnen!
Ich wünsche tierisch viel Spaß dabei!

Eure Veronika Hug

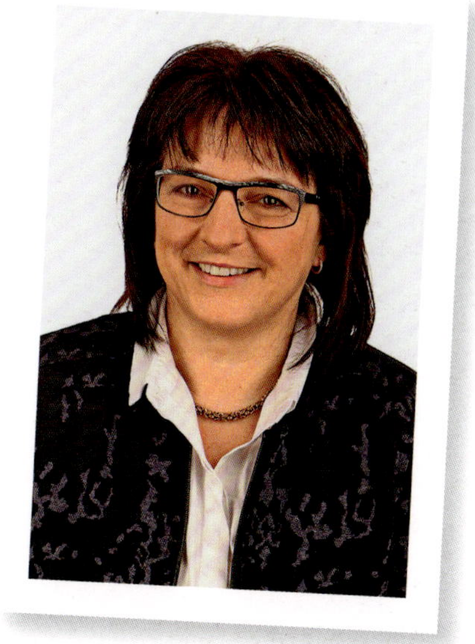

P.S.: Vielleicht möchtet ihr mir eure Werke auf Facebook zeigen? Alle Infos dazu findet ihr auf meiner Homepage *www.VeronikaHug.com*.

Woolly Hugs
Immer eine Umarmung mehr!

Felix Fuchs

GRÖßE: ca. 30 x 30 cm

MATERIAL

- Woolly Hugs CHARITY (75 % Wolle, 15 % Polyamid, 10 % Polylactid, Lauflänge = 100 m/50 g) von L & K (VeronikaHug.com): 200 g Orange (Farbe 26), je 50 g Weiß (Farbe 01) und Schwarz (Farbe 99)
- 1 Häkelnadel Nr. 3,5
- 1 Innenkissen, 30 x 30 cm
- etwas Füllwatte

MUSTER

Grundmuster: Feste Maschen in Reihen, dabei beginnt jede Reihe mit 1 zusätzlichen Wende-Luftmasche. **Feste Maschen in Runden**, dabei beginnt jede Runde mit 1 zusätzlichen Steige-Luftmasche und endet mit 1 Kettmasche in die 1. feste Masche der Runde. Bei Spiralrunden die Runden nicht schließen.
Strukturmuster: Siehe Kissen „Schorsch Schwein" auf Seite 30.

MASCHENPROBE im Strukturmuster

21 Maschen und 17,5 Reihen = 10 x 10 cm

SO WIRD'S GEMACHT

Kissenteil (2x): 63 Luftmaschen + 1 Wende-Luftmasche in Orange anschlagen und im Strukturmuster arbeiten. Nach 30 cm (= 52 Reihen) ab Anschlag enden.

Ohr (je 2x in Weiß und Orange): 9 Luftmaschen + 1 Wende-Luftmasche anschlagen und im Grundmuster nach dem Zählmuster weiterarbeiten. Nach 8,5 cm (= 19 Reihen) ab Anschlag enden.

Auge (2x in Weiß): Einen Fadenring legen und im Grundmuster in Runden weiterarbeiten. **1. Runde:** 6 feste Maschen (M) in den Ring arbeiten. **2. Runde:** Jede M verdoppeln = 12 M. **3. Runde:** Jede 2. M verdoppeln = 18 M. **4. Runde:** Jede 3. M verdoppeln = 24 M. **5. Runde:** Jede 2. M verdoppeln = 36 M. **6. Runde:** Ohne Zunahmen arbeiten. **7. Runde:** Jede 3. M verdoppeln = 48 M.

Pupille (2x in Schwarz): Wie die Augen häkeln, jedoch nur die 1.+2. Runde arbeiten.

Nase: Für die Nasenspitze einen Fadenring in Schwarz legen und im Grundmuster in Reihen weiterarbeiten. Für die 1. Reihe 4 feste M in den Ring arbeiten. Zur Formgebung in der folgenden Reihe beidseits je 1 M mustergemäß zunehmen und anschließend noch 2x in jeder 2. Reihe und 2x in jeder folgenden Reihe beidseits je 1 M mustergemäß zunehmen = 14 M. Anschließend entlang der seitlichen Kanten und der Nasenspitze die Nase mit festen M umhäkeln.

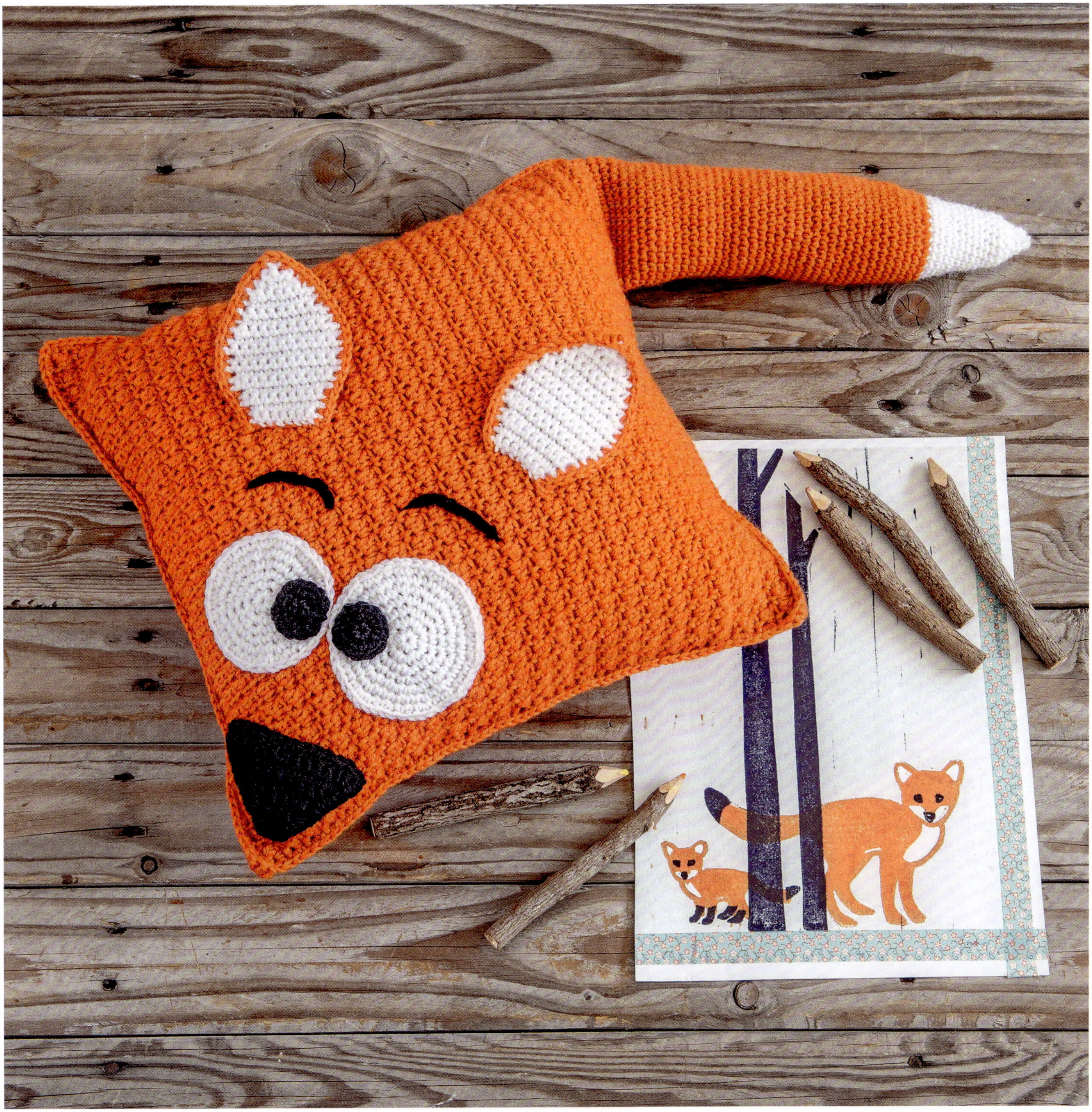

Schwanz: In Weiß einen Fadenring legen und im Grundmuster in Spiralrunden weiterarbeiten, dabei den Rundenübergang markieren. **Tipp:** Während des Häkelns den Schwanz Stück für Stück mit Füllwatte ausstopfen. **1. Runde:** 4 feste M in den Ring arbeiten. **2. Runde:** Jede M verdoppeln = 8 M. **3. Runde:** Ohne Zunahmen arbeiten. **4. Runde:** Jede M verdoppeln = 16 M. **5.–7. Runde:** Ohne Zunahmen arbeiten. **8. Runde:** Jede 4. M verdoppeln = 20 M. **9. Runde:** Jede 5. M verdoppeln = 24 M. **10. Runde:** Ohne Zunahmen arbeiten. **11. Runde:** Jede 6. M verdoppeln = 28 M. **12. Runde:** Ohne Zunahmen arbeiten. In Orange weiterarbeiten. **13. Runde:** Ohne Zunahmen arbeiten. **14. Runde:** Jede 7. M verdoppeln = 32 M. Ohne Zunahmen weiterarbeiten und nach ca. 26 cm Schwanzlänge enden, den Arbeitsfaden jedoch noch nicht abschneiden. Den Schwanz mit Füllwatte ausstopfen, Kante aufeinanderlegen und mit 1 Reihe feste M zusammenhäkeln.

Fertigstellung: Je 1 Ohrteil in Orange und Weiß aufeinanderlegen und entlang der seitlichen Kanten und der Ohrspitze mit festen M in Orange zusammenhäkeln. Ohren, Augen und Nase auf einem Kissenteil laut Foto anordnen und aufnähen. Die Ohren nur entlang der Anschlagkante befestigen und zusätzlich die Ohrenrückseite ca. 2 cm oberhalb der Anschlagkante an das Kissenteil nähen. Die Augenbrauen mit Kettenstichen in Schwarz laut Foto aufsticken. Kissenteile links auf links liegend mit 1 Runde feste M in Orange ringsum zusammenhäkeln, dabei an einer Seite eine Öffnung für den Innenkisseneinzug lassen. Innenkissen einziehen und die restliche Naht schließen. Schwanz seitlich an die hintere Ecke des Kissens nähen.

Zählmuster

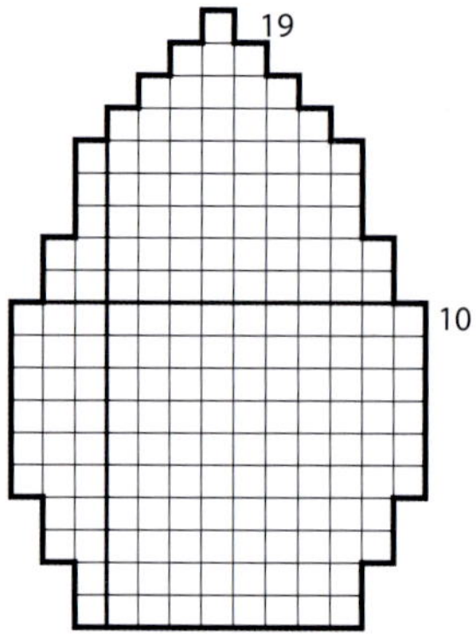

Zeichenerklärung

☐ = 1 Masche

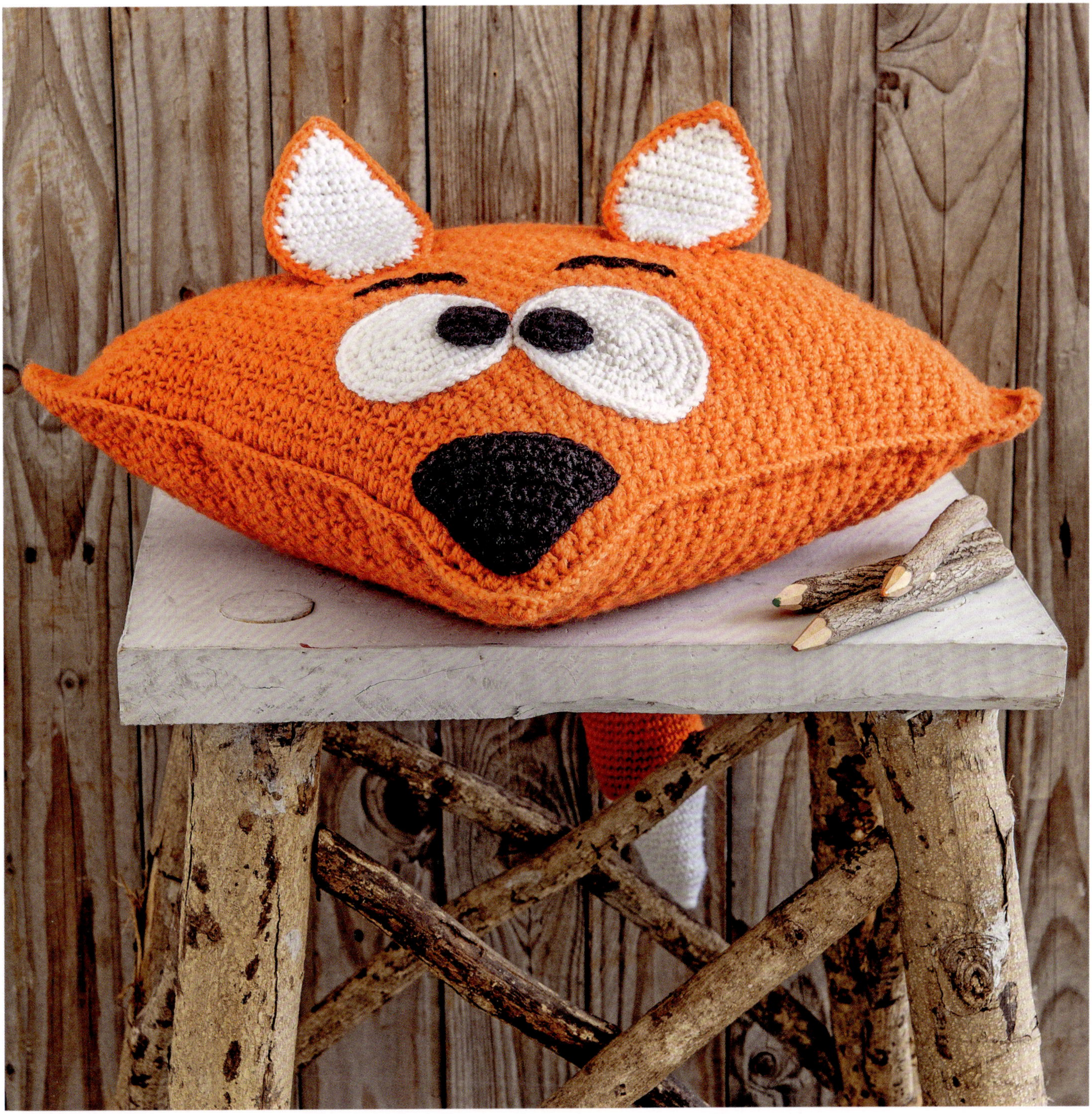

Emma Ente

GRÖßE: ca. 53 x 58 cm

MATERIAL

- Woolly Hugs CHARITY (75 % Wolle, 15 % Polyamid, 10 % Polylactid, Lauflänge = 100 m/50 g) von L & K (VeronikaHug.com): 200 g Weiß (Farbe 01), 100 g Mais (Farbe 27), sowie ein Rest Schwarz (Farbe 99)
- 1 Häkelnadel Nr. 3,5
- 1 Innenkissen, 30 x 30 cm
- etwas Füllwatte

MUSTER

Grundmuster: Feste Maschen, dabei beginnt jede Reihe mit 1 zusätzlichen Wende-Luftmasche.
Strukturmuster: Siehe Kissen „Schorsch Schwein" auf Seite 30.

MASCHENPROBE im Strukturmuster

21 Maschen und 17,5 Reihen = 10 x 10 cm

SO WIRD'S GEMACHT

Kissenteil (2x): 63 Luftmaschen + 1 Wende-Luftmasche in Weiß anschlagen und im Strukturmuster arbeiten. Nach 30 cm (= 52 Reihen) ab Anschlag über den mittleren 31 Maschen (M) den Kopf und Schnabel laut Zählmuster im Grundmuster anhäkeln und nach Zählmusterende die Arbeit beenden.

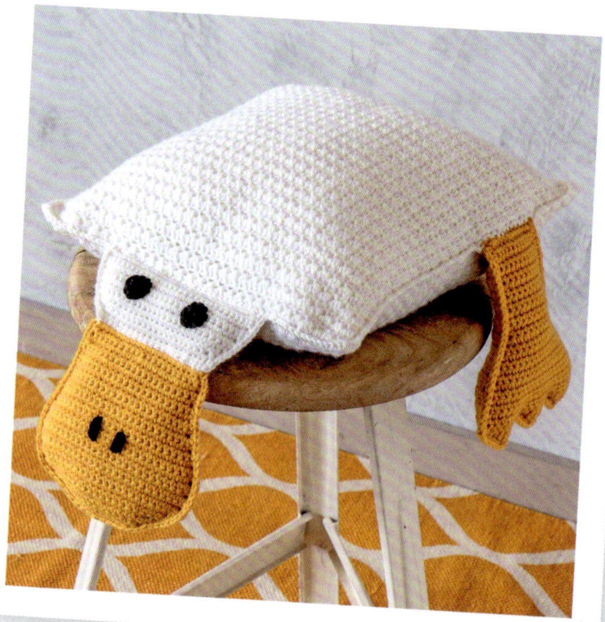

Beine (4x): 12 Luftmaschen + 1 Wende-Luftmasche in Mais anschlagen und im Grundmuster weiterarbeiten. Zur Formgebung nach 7 cm (= 14 Reihen) ab Anschlag beidseits 2 M mustergemäß zunehmen und anschließend noch 4x in jeder 2. Reihe je 1 M mustergemäß zunehmen = 24 M. Nach 12,5 cm (= 25 Reihen) ab Anschlag mit folgender Reihe enden: * 1 feste M, 1 halbes Stäbchen, 1 Stäbchen, 1 Doppel- und 1 Dreifach-Stäbchen in 1 Einstichstelle, 1 Dreifach- und 1 Doppelstäbchen in 1 Einstichstelle, 1 Stäbchen, 1 halbes Stäbchen, 1 feste Masche, ab * noch 2x wiederholen.

Schwanz (2x): 19 Luftmaschen + 1 Wende-Luftmasche in Mais anschlagen und im Grundmuster weiterarbeiten. Zur Formgebung nach 2 cm (= 4 Reihen) ab Anschlag beidseits 1 M mustergemäß zunehmen und anschließend noch 2x in jeder 2. Reihe je 1 M mustergemäß zunehmen = 25 M. Nach 5,5 cm (= 11 Reihen ab Anschlag) mit folgender Reihe enden: * 1 feste Masche, 1 halbes Stäbchen, 1 Stäbchen + 1 Doppelstäbchen + 1 Stäbchen in 1 Einstichstelle, 1 halbes Stäbchen, 1 feste Masche, ab * noch 4x wiederholen.

Augen (2x): Einen Fadenring in Schwarz legen und 12 feste M in den Ring arbeiten. Die Runde mit 1 Kettmasche schließen.

Nasenlöcher (2x): 5 Luftmaschen + 1 Wende-Luftmasche in Schwarz anschlagen und 5 feste M arbeiten.

Fertigstellung: An jedes Kissenteil laut Foto Beine und Schwanz annähen. Kissenteile links auf links liegend farblich passend mit 1 Runde feste M ringsum zusammenhäkeln, dabei an einer Seite eine Öffnung für den Innenkisseneinzug lassen. Beine, Kopf und Schwanz mit Füllwatte leicht ausstopfen. Entlang der Kissenteilkanten mit Steppstichen durchnähen, ebenso beim Übergang vom Kopf zum Schnabel. Innenkissen einziehen und die restliche Naht schließen. Augen und Nasenlöcher laut Foto aufnähen.

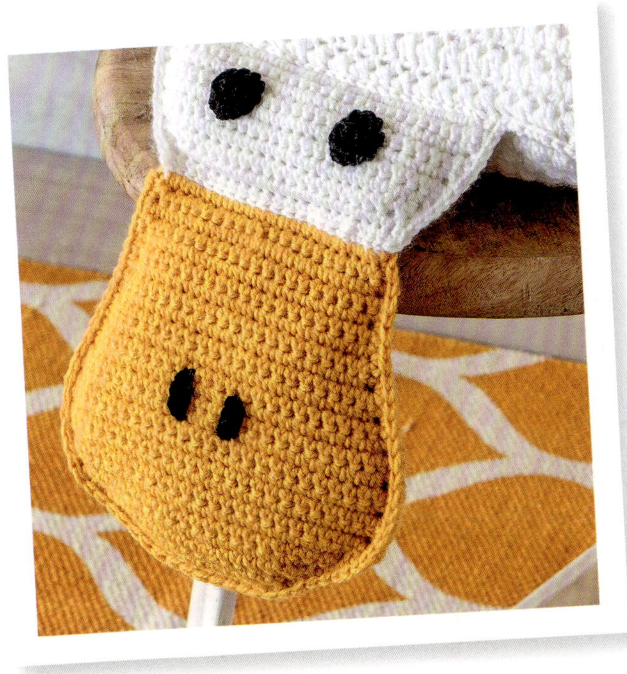

Zählmuster

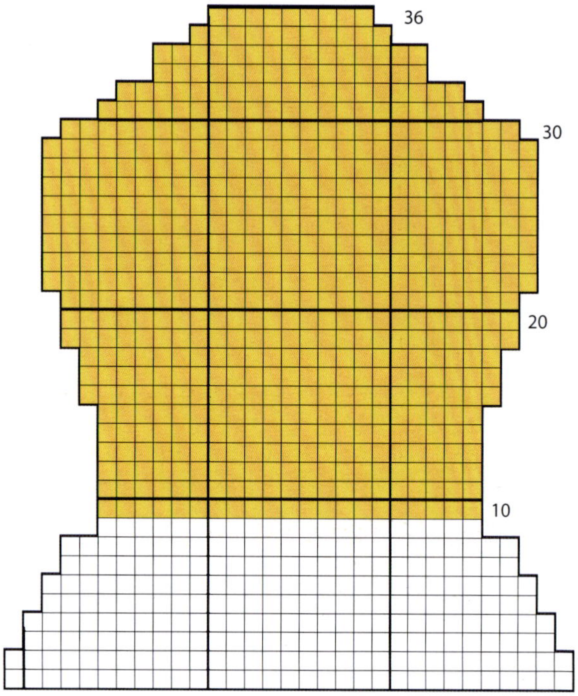

Zeichenerklärung

☐ = 1 Masche in Weiß

■ = 1 Masche in Mais

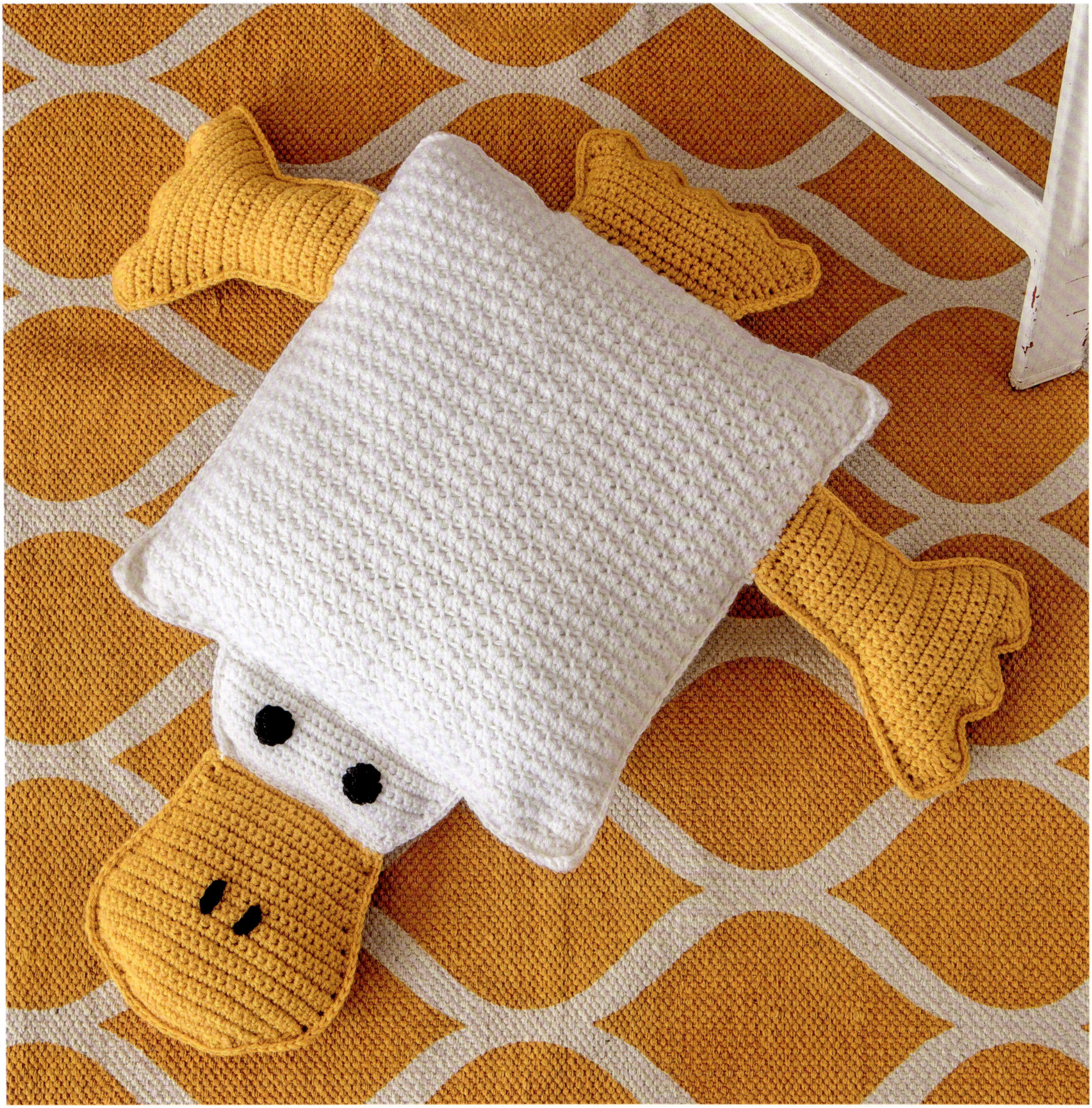

Hannes Hai

GRÖẞE: ca. 70 x 32 cm

MATERIAL

- Woolly Hugs CHARITY (75% Wolle, 15% Polyamid, 10% Polylactid, Lauflänge = 100 m/50 g) von L&K (VeronikaHug.com): 350 g Royal (Farbe 51) und je 50 g Jade (Farbe 63), Weiß (Farbe 01) und Schwarz (Farbe 99)
- 1 Häkelnadel Nr. 3,5
- Baumwollstoff in passender Farbe, ca. 90 x 90 cm
- ca. 250 g Füllwatte
- Schnittmusterpapier

MUSTER

Grundmuster: Feste Maschen in Reihen, dabei beginnt jede Reihe mit 1 zusätzlichen Wende-Luftmasche. **Feste Maschen in Runden**, dabei beginnt jede Runde mit 1 zusätzlichen Steige-Luftmasche und endet mit 1 Kettmasche in die 1. feste Masche der Runde.

MASCHENPROBE im Grundmuster

19 Maschen und 20,5 Reihen = 10 x 10 cm

SO WIRD'S GEMACHT

Körper (2x): 4 Luftmaschen + 1 zusätzliche Wende-Luftmasche in Royal anschlagen und nach Zählmuster 1 im Grundmuster arbeiten, dabei die Zu- und Abnahmen wie gezeichnet ausführen. Das Zählmuster zeigt ½ Körperteil, die 2. Hälfte gegengleich arbeiten.

Schwanzflosse (2x): 20 Luftmaschen + 1 zusätzliche Wende-Luftmasche in Royal anschlagen und nach Zählmuster 2 im Grundmuster arbeiten. Nach 5,5 cm (= 11 Reihen) ab Anschlag nach der Häkelschrift 1 weiterarbeiten. Zum besseren Verständnis ist in der Häkelschrift die letzte Reihe des Zählmusters (= 11. Reihe) mit eingezeichnet.

Rückenflosse (2x): 15 Luftmaschen + 1 zusätzliche Wende-Luftmasche in Royal anschlagen und nach Zählmuster 3 im Grundmuster arbeiten.

Auge (2x in Weiß): Einen Fadenring legen und im Grundmuster in Runden weiterarbeiten. **1. Runde:** 6 feste Maschen (M) in den Ring arbeiten. **2. Runde:** Jede M verdoppeln = 12 M. **3. Runde:** Jede 2. M verdoppeln = 18 M. **4. Runde:** Jede 3. M verdoppeln = 24 M. **5. Runde:** Jede 4. M verdoppeln = 30 M. **6. Runde:** Jede 5. M verdoppeln = 36 M. **7. Runde:** Ohne Zunahmen arbeiten.

Pupille (2x in Schwarz): Wie die Augen arbeiten, jedoch nur die 1.–3. Runde.

Großer Punkt (2x in Jade): Wie die Augen arbeiten, jedoch nur die 1.–5. Runde.

Mittlerer Punkt (3x in Jade): Wie die Augen arbeiten, jedoch nur die 1.–4. Runde.

Kleiner Punkt (3x in Jade): Wie die Augen arbeiten, jedoch nur die 1.–3. Runde.

Mini Punkt (3x in Jade): Wie die Augen arbeiten, jedoch nur die 1.+2. Runde.

Zähne: 36 Luftmaschen + 1 Wende-Luftmasche in Weiß anschlagen und zunächst die letzten 9 M des Anschlags laut Häkelschrift 2 behäkeln. Anschließend die folgenden 9 M des Anschlags ebenso behäkeln, dafür den Faden neu anschlingen. Auf diese Weise die Luftmaschenkette mit 4 Zähnen behäkeln und enden.

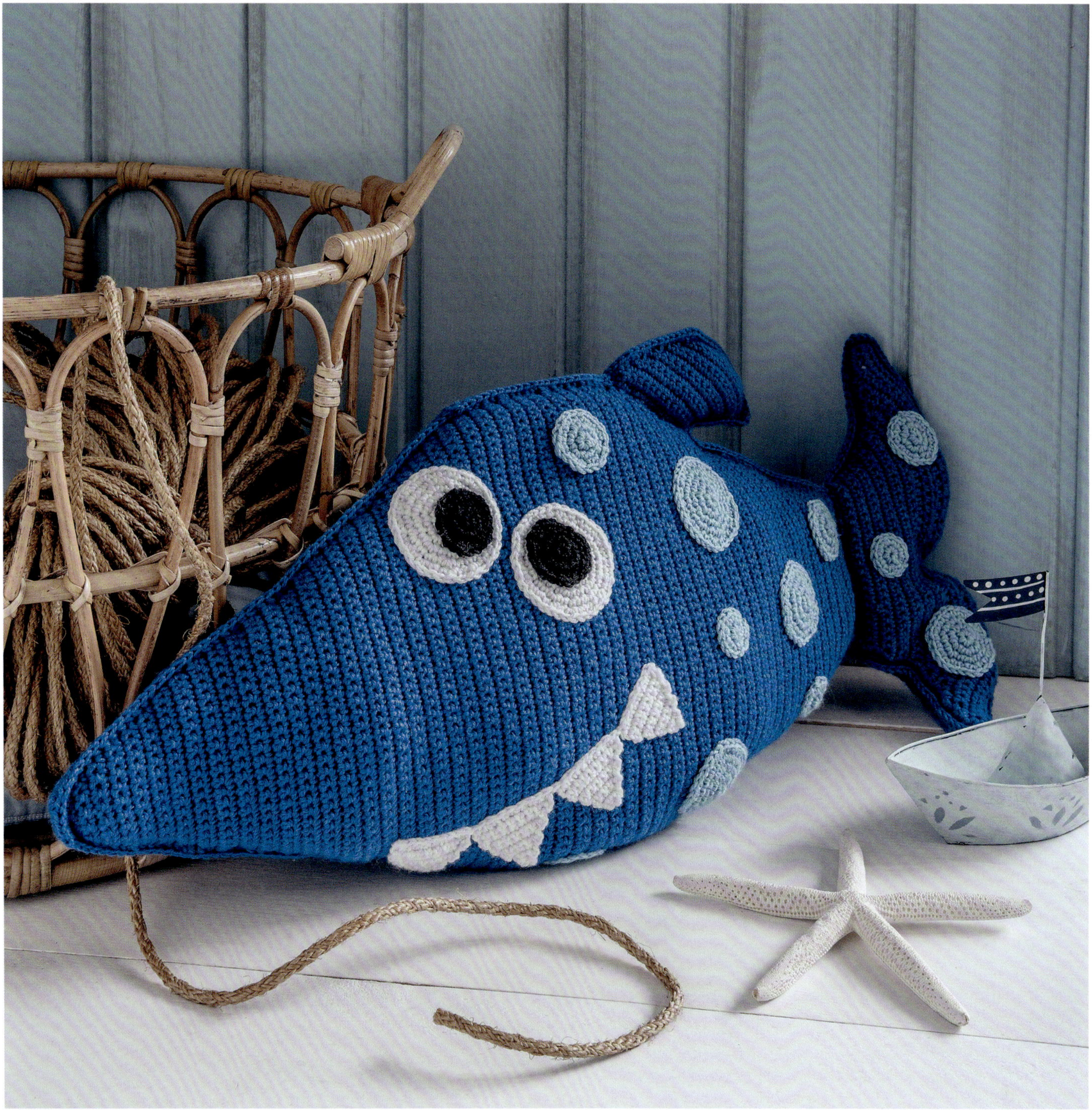

Fertigstellung: Für das Füllkissen zunächst aus Papier von einem Körperteil eine Schablone anfertigen. Schablone auf den doppelt liegenden Baumwollstoff legen und diesen mit 1 cm Nahtzugabe zuschneiden. Stoffteile rechts auf rechts legen und rundum zusammennähen, dabei eine Öffnung zum Füllen lassen. Kissenhülle wenden, ausstopfen und die Öffnung schließen. Auf einem gehäkelten Körperteil Augen, Pupillen (leicht schielend), Punkte und Zähne laut Foto arrangieren und festnähen. Körperteile sowie Flossen jeweils links auf links aufeinanderlegen und zusammennähen, dabei die Flossen vor dem Schließen mit Füllwatte ausstopfen. Flossen an das gerade Ende des Körpers bzw. an der oberen Rückenlinie im Bereich zwischen den Pfeilen im Zählmuster festnähen, so dass die Kanten der Körperteile in diesen Abschnitten geschlossen werden. Körperteile von der Vorderseite her mit festen M in Royal zusammenhäkeln, dabei an der Bauchseite beginnen und die Flossen fortlaufend mit umhäkeln – vor dem Ende der Umrundung eine Öffnung für den Einzug des Füllkissens lassen. Kissen einziehen und das restliche Stück schließen.

Zählmuster 1

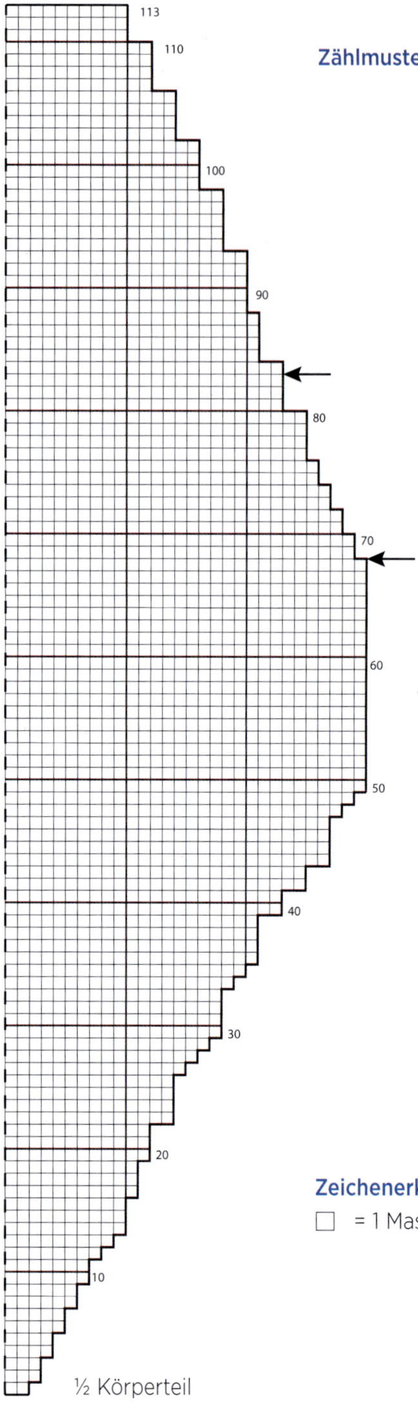

½ Körperteil

Zeichenerklärung

☐ = 1 Masche

Zählmuster 2

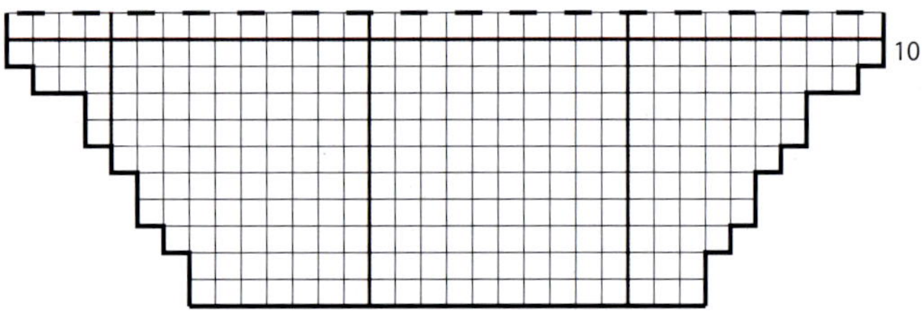

Zählmuster 3

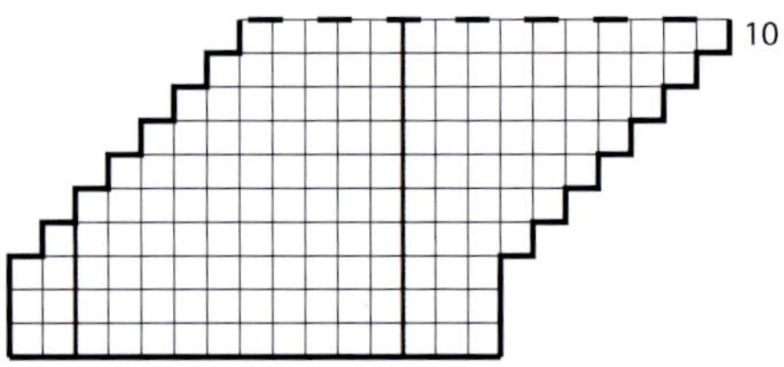

Häkelschrift 1

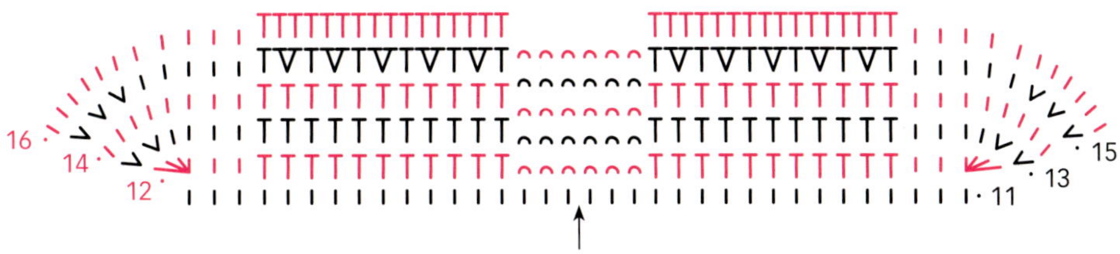

Häkelschrift 2

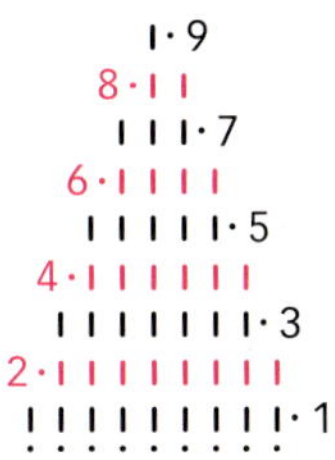

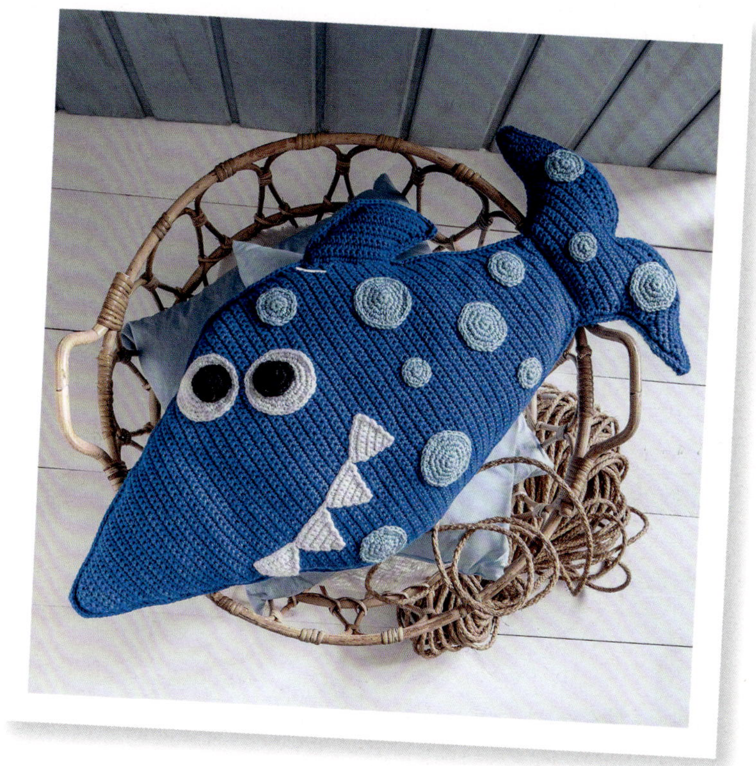

Zeichenerklärung

· = Luftmasche

ᴖ = Kettmasche

ı = feste Masche

T = halbes Stäbchen

Laufen die Zeichen unten zusammen, die Maschen in 1 Einstichstelle arbeiten.

Adam Affe

GRÖẞE: ca. 40 cm Ø

MATERIAL

- Hugs CHARITY (75 % Wolle, 15 % Polyamid, 10 % Polylactid, Lauflänge = 100 m/50 g) von L & K (VeronikaHug.com): 250 g Braun (Farbe 08), je 50 g Stein (Farbe 90), Schwarz (Farbe 99), sowie ein Rest Weiß (Farbe 01) und Azalee (Farbe 43)
- 1 Häkelnadel Nr. 3,5
- 1 rundes Innenkissen, 40 cm Ø

MUSTER

Grundmuster 1: Mit einem Fadenring beginnen. **1. Runde:** Stäbchen, dabei beginnt die Runde mit 3 Luftmaschen als Ersatz für das 1. Stäbchen und endet mit 1 Kettmasche in die 3. Ersatz-Luftmasche der Runde. **2. Runde:** Feste Maschen, dabei beginnt die Runde mit 1 zusätzlichen Steige-Luftmasche und endet mit 1 Kettmasche in die 1. feste Masche der Runde. Die 1. und 2. Runde stets wiederholen.
Grundmuster 2: Feste Maschen in Runden, dabei beginnt jede Runde mit 1 zusätzlichen Steige-Luftmasche und endet mit 1 Kettmasche in die 1. feste Masche der Runde.

MASCHENPROBE **im Grundmuster 1**

5,5 Runden = 10 cm Ø

SO WIRD'S GEMACHT

Auge (2x): In Stein einen Fadenring legen und im Grundmuster 1 weiterarbeiten. **1. Runde:** 12 Stäbchen in den Ring arbeiten. **2. Runde:** Jede Masche (M) verdoppeln = 24 M. **3. Runde:** Jede 2. M verdoppeln = 36 M. **4. Runde:** Ohne Zunahmen arbeiten = 36 M. **5. Runde:** Jede 3. M verdoppeln = 48 M. **6. Runde:** Jede 4. M verdoppeln = 60 M.

Augenweiß (2x): In Weiß einen Fadenring legen und im Grundmuster 2 weiterarbeiten. **1. Runde:** 10 feste M in den Ring arbeiten. **2. Runde:** Jede 2. M verdoppeln = 15 M. **3. Runde:** Jede 3. M verdoppeln = 20 M. **4. Runde:** Jede 2. M verdoppeln = 30 M. **5. Runde:** Jede 5. M verdoppeln = 36 M.

Pupille (2x): In Schwarz einen Fadenring legen und im Grundmuster 2 weiterarbeiten. **1. Runde:** 6 feste M in den Ring arbeiten. **2. Runde:** Jede M verdoppeln = 12 M. **3. Runde:** Jede 2. M verdoppeln = 18 M. **4. Runde:** Jede 3. M verdoppeln = 24 M.

Schnauze: In Stein 12 Luftmaschen anschlagen und nach Häkelschrift 1 in Runden arbeiten. Jede Runde beginnt mit 3 Anfangs-Luftmaschen als Ersatz für das 1. Stäbchen bzw. 1 zusätzlichen Anfangs-Luftmasche und endet mit 1 Kettmasche in die 3. Anfangs-Luftmasche bzw. 1. feste M der Runde. Die 1.–8. Runde 1x arbeiten.

Nase: In Schwarz 2 Luftmaschen anschlagen und nach Häkelschrift 2 in Reihen arbeiten. Jede Reihe beginnt wie gezeichnet mit 1 zusätzlichen Wende-Luftmasche. Die 1.–7. Reihe 1x arbeiten.

Außenohr (2x): In Braun wie Auge arbeiten.

Innenohr (2x): Wie Auge arbeiten, dabei in Stein beginnen, jeweils die 1. Runde in Stein und die 2. Runde in Azalee häkeln.

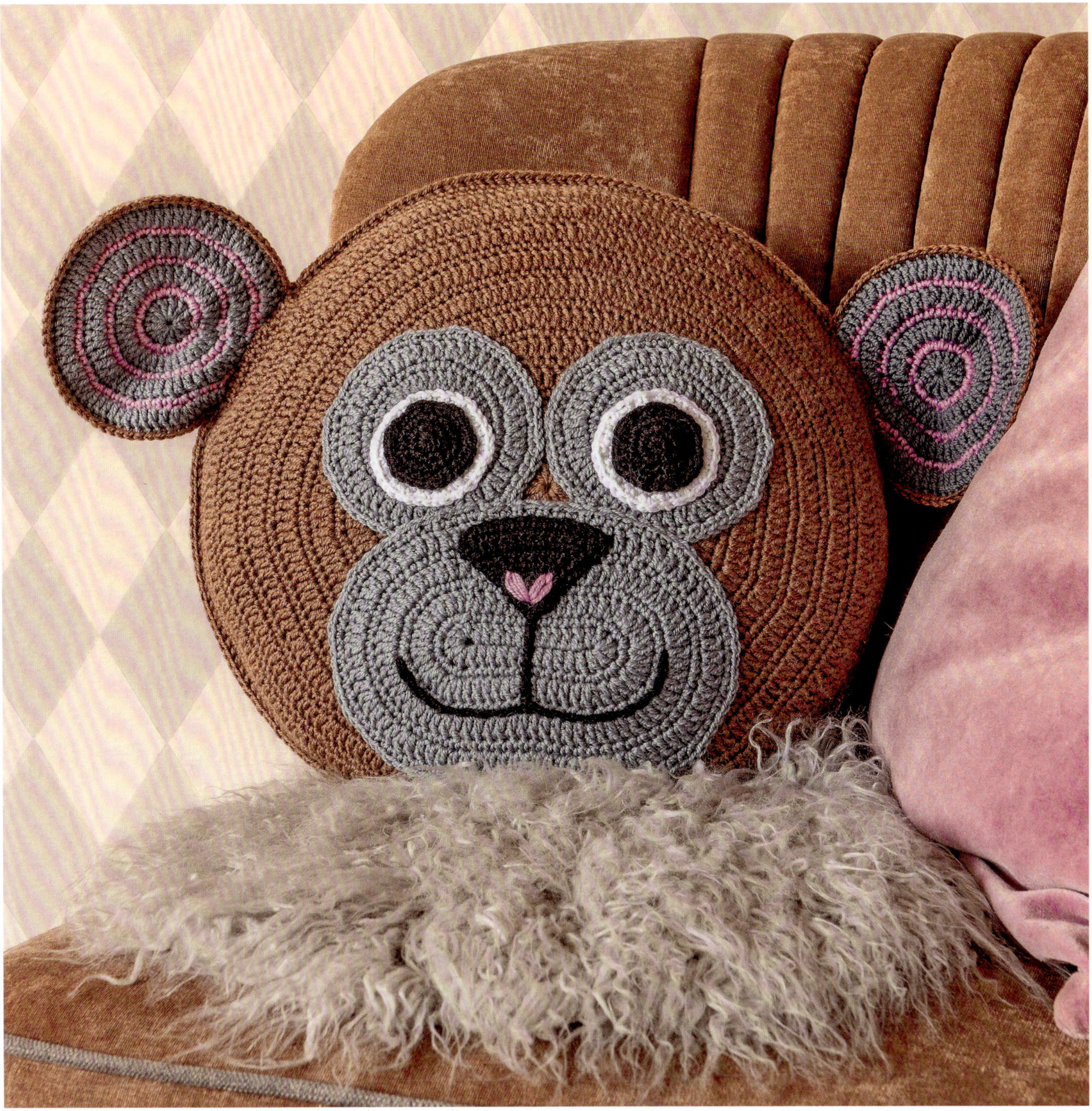

Kissenteil (2x): In Braun einen Fadenring legen und im Grundmuster 1 in Runden weiterarbeiten. **1. Runde:** 12 Stäbchen in den Ring arbeiten. **2. Runde:** Jede M verdoppeln = 24 M. **3. Runde:** Jede 4. M verdoppeln = 30 M. **4. Runde:** Jede 3. M verdoppeln = 40 M. **5. Runde:** Jede 4. M verdoppeln = 50 M. **6. Runde:** Jede 5. M verdoppeln = 60 M. **7. Runde:** jede 5. M verdoppeln = 72 M. **8. Runde:** Jede 8. M verdoppeln = 81 M. **9. Runde:** Jede 9. M verdoppeln = 90 M. **10. Runde:** Jede 6. M verdoppeln = 105 M. **11. Runde:** Jede 7. M verdoppeln = 120 M. **12. Runde:** Jede 8. M verdoppeln = 135 M. **13. Runde:** Jede 13. M verdoppeln = 145 M. **14. Runde:** Ohne Zunahmen arbeiten. **15. Runde:** Jede 18. M verdoppeln = 153 M. **16. Runde:** Jede 15. M verdoppeln = 163 M. **17. Runde:** Ohne Zunahmen arbeiten. **18. Runde:** Jede 23. M verdoppeln = 170 M. **19. Runde:** Jede 17. M verdoppeln = 180 M. **20. Runde:** Ohne Zunahmen arbeiten. **21. Runde:** Jede 10. M verdoppeln = 198 M. **22. Runde:** Ohne Zunahmen arbeiten. **23. Runde:** Jede 19. M verdoppeln = 208 M.

Fertigstellung: Je 1 Auge, 1 Augenweiß und 1 Pupille laut Foto aufeinanderlegen und zusammennähen. Die Nase auf die Schnauze nähen und die Linie für den Mund mit Stielstichen in Schwarz laut Foto aufsticken. Die Nasenspitze mit 2 doppelfädig gearbeiteten Margeritenstichen in Azalee aufsticken. Zunächst die Augen, danach die Schnauze laut Foto auf einem Kissenteil arrangieren und festnähen. Jeweils 1 Außenohr und 1 Innenohr aufeinanderlegen und mit Heftstichen fixieren. Kissenteile links auf links aufeinanderheften, dabei die Ohren zwischenlegen, so dass die Kissenteile etwas überlappen. Kissenteile inkl. der äußeren Ohrenkonturen mit 1 Runde feste M in Braun zusammenhäkeln. Dabei unterhalb der Schnauze beginnen und vor dem Ende der Umrundung eine Öffnung für den Einzug des Füllkissens lassen. Kissen einziehen und das restliche Stück schließen. Damit die Ohren nicht aufklaffen, den Übergang zum Kissen mit einigen Steppstichen zusammennähen.

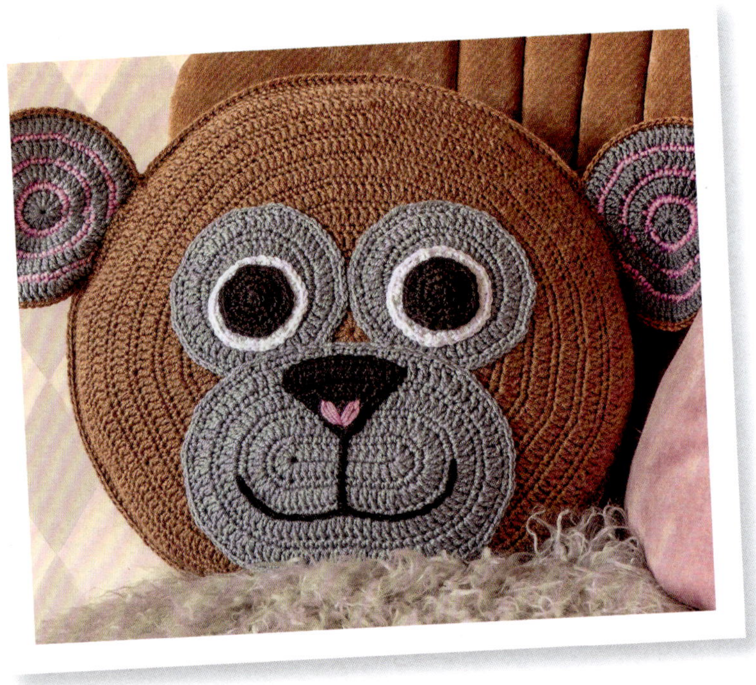

Häkelschrift 1

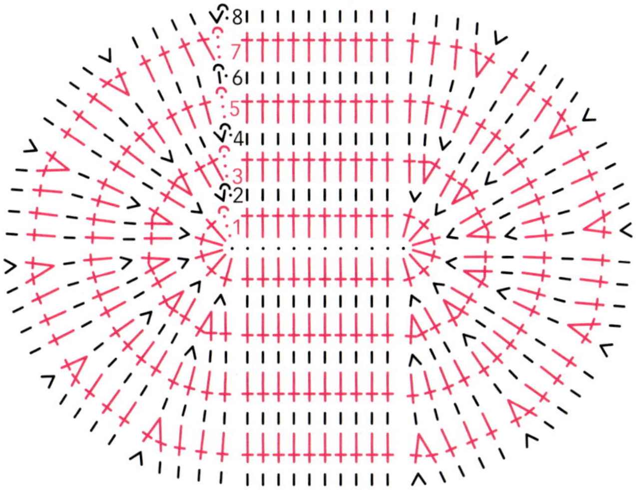

Häkelschrift 2

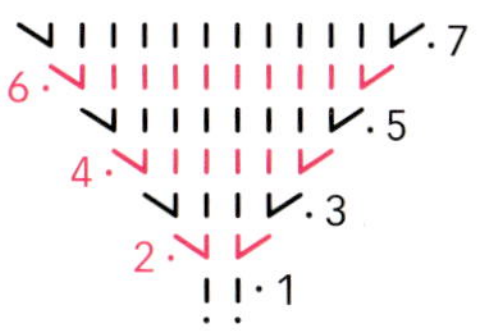

Zeichenerklärung

· = Luftmasche
⌒ = Kettmasche
ı = feste Masche
† = Stäbchen

Laufen die Zeichen unten zusammen, die Maschen in 1 Einstichstelle arbeiten.

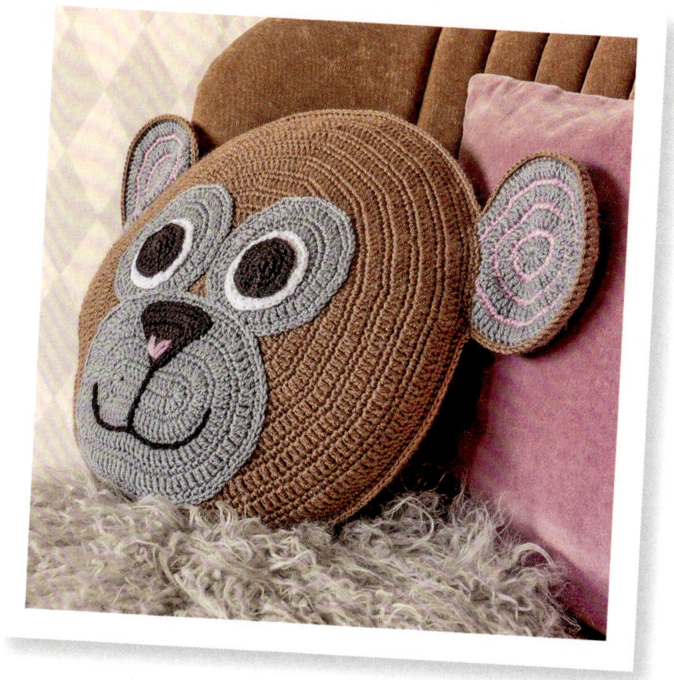

Martha Maus

GRÖẞE: ca. 36 x 48 cm

MATERIAL

- Woolly Hugs CHARITY (75 % Wolle, 15 % Polyamid, 10 % Polylactid, Lauflänge = 100 m/50 g) von L & K (VeronikaHug.com): 350 g Stein (Farbe 90) und je 50 g Rosa (Farbe 33) und Schwarz (Farbe 99), sowie ein Rest Weiß (Farbe 01)
- 1 Häkelnadel Nr. 3,5
- Baumwollstoff in heller Farbe, ca. 110 x 50 cm
- ca. 250 g Füllwatte
- Schnittmusterpapier

MUSTER

Grundmuster: Feste Maschen in Reihen, dabei beginnt jede Reihe mit 1 zusätzlichen Wende-Luftmasche. **Feste Maschen in Runden**, dabei beginnt jede Runde mit 1 zusätzlichen Steige-Luftmasche und endet mit 1 Kettmasche in die 1. feste Masche der Runde.

MASCHENPROBE im Grundmuster

19 Maschen und 20,5 Reihen = 10 x 10 cm

SO WIRD'S GEMACHT

Körper (2x): 48 Luftmaschen + 1 zusätzliche Wende-Luftmasche in Stein anschlagen und nach dem Zählmuster im Grundmuster arbeiten, dabei die Zu- und Abnahmen wie gezeichnet ausführen. Das Zählmuster zeigt ½ Körperteil, die 2. Hälfte gegengleich arbeiten.

Bauchfleck: In Rosa einen Fadenring legen und im Grundmuster in Runden weiterarbeiten. **1. Runde:** 6 feste Maschen (M) in den Ring arbeiten. **2. Runde:** Jede M verdoppeln = 12 M. **3. Runde:** Jede M verdoppeln = 24 M. **4. Runde:** Ohne Zunahmen arbeiten. **5. Runde:** Jede 2. M verdoppeln = 36 M. **6. Runde:** Jede 3. M verdoppeln = 48 M. **7. Runde:** Ohne Zunahmen arbeiten. **8. Runde:** Jede 8. M verdoppeln = 54 M. **9. Runde:** Jede 9. M verdoppeln = 60 M. **10. Runde:** Jede 6. M verdoppeln = 70 M. **11. Runde in Stein:** Jede 7. M verdoppeln = 80 M.

Ohr (je 2x in Rosa und Stein): Einen Fadenring legen und im Grundmuster in Runden weiterarbeiten. **1. Runde:** 6 feste M in den Ring arbeiten. **2. Runde:** Jede M verdoppeln = 12 M. **3. Runde:** Jede 2. M verdoppeln = 18 M. **4. Runde:** Jede 3. M verdoppeln = 24 M. **5. Runde:** Jede 4. M verdoppeln = 30 M. **6. Runde:** Jede 3. M verdoppeln = 40 M. **7. Runde:** Ohne Zunahmen arbeiten. **8. Runde:** Jede 4. M verdoppeln = 50 M.

Wange (2x): In Rosa einen Fadenring legen und im Grundmuster in Runden weiterarbeiten. **1. Runde:** 6 feste M in den Ring arbeiten. **2. Runde:** Jede M verdoppeln = 12 M. **3. Runde:** Jede M verdoppeln = 24 M.

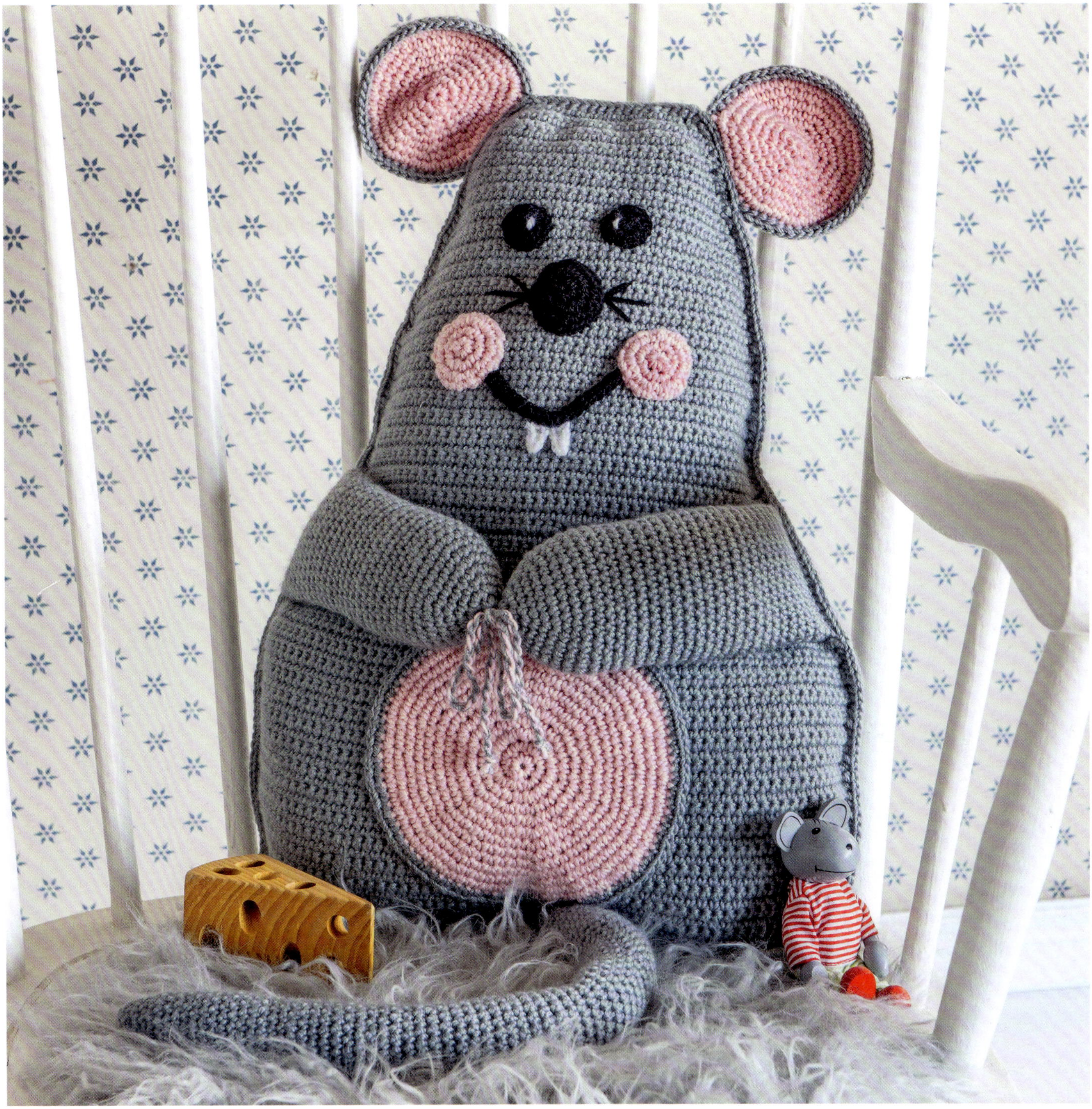

Nase: In Schwarz einen Fadenring legen und im Grundmuster in Runden weiterarbeiten. **1. Runde:** 6 feste M in den Ring arbeiten. **2. Runde:** Jede M verdoppeln = 12 M. **3. Runde:** Jede 2. M verdoppeln = 18 M.

Auge (2x): Wie die Nase, jedoch nur die 1. und 2. Runde arbeiten.

Arm (2x): In Stein einen Fadenring legen und im Grundmuster in Runden weiterarbeiten. **1. Runde:** 6 feste M in den Ring arbeiten. **2. Runde:** Jede M verdoppeln = 12 M. **3. Runde:** Jede 3. M verdoppeln = 16 M. **4. Runde:** Jede 4. M verdoppeln = 20 M. **5. Runde:** Jede 5. M verdoppeln = 24 M. **6. Runde:** Jede 6. M verdoppeln = 28 M. Über diese 28 M noch 27 Runden arbeiten und enden.

Schwanz: In Stein einen Fadenring legen und im Grundmuster in Runden weiterarbeiten. **1. Runde:** 5 feste M in den Ring arbeiten. **2. Runde:** Ohne Zunahmen arbeiten. **3. Runde:** Jede M verdoppeln = 10 M. **4. Runde:** Ohne Zunahmen arbeiten. **5. Runde:** Jede 2. M verdoppeln = 15 M. **6. und 7. Runde:** Ohne Zunahmen arbeiten. **8. Runde:** Jede 5. M verdoppeln = 18 M. Über diese 18 M noch 70 Runden arbeiten und enden.

Zähne: 3 Luftmaschen + 1 Wende-Luftmasche in Weiß anschlagen und 3 feste M arbeiten. 4 Luftmaschen + 1 Wende-Luftmasche und 3 feste M zurück arbeiten.

Fertigstellung: Für das Füllkissen zunächst aus Papier von einem Körperteil eine Schablone anfertigen. Schablone auf den doppelt liegenden Baumwollstoff legen und diesen mit 1 cm Nahtzugabe zuschneiden. Stoffteile rechts auf rechts legen und rundum zusammennähen, dabei eine Öffnung zum Füllen lassen. Kissenhülle wenden, ausstopfen und die Öffnung schließen. Je 1 Ohr in Rosa und Stein aufeinanderlegen und mit festen M in Stein zusammenhäkeln. Bauchfleck mittig auf das vordere Körperteil nähen (Abstand zur unteren Kante ca. 5,5 cm). Augen, Backen und Nase auf dem vorderen Körperteil arrangieren und festnähen, dabei die Nase mit etwas Füllwatte ausstopfen. Barthaare mit Spannstichen in Schwarz laut Foto aufsticken. Für den Mund 29 Luftmaschen in Schwarz anschlagen und mit Kettmaschen zurückhäkeln. Den Mund zwischen den Wangen platzieren und aufnähen. Zähne mittig unterhalb des Mundes festnähen. Kleine Lichtreflexe mit Spannstichen in Weiß in die Augen sticken. Arme und Schwanz mit Füllwatte ausstopfen. Körperteile links auf links aufeinanderlegen und von der Vorderseite her mit festen M in Stein zusammenhäkeln. Dabei Arme und Schwanz mitfassen (Schwanz mittig, Arme zwischen die Pfeile im Zählmuster) und vor dem Ende der Umrundung eine Öffnung für den Einzug des Füllkissens lassen. Kissen einziehen und das restliche Stück schließen. Ohren laut Foto unter die Konturlinie an den Kopf nähen. Aus je 1 Faden in Stein und Rosa eine Kordel drehen (ca. 45 cm lang), in die Pfotenspitzen einziehen und zur Schleife binden.

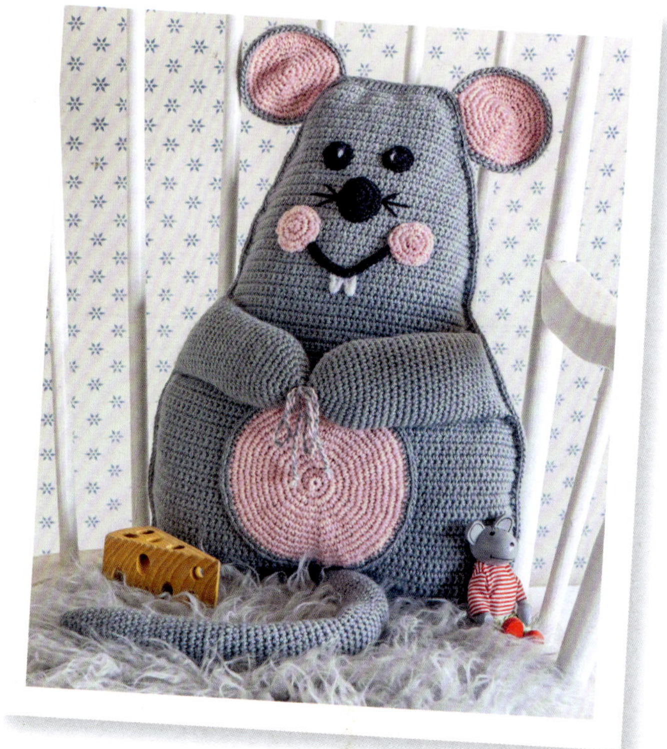

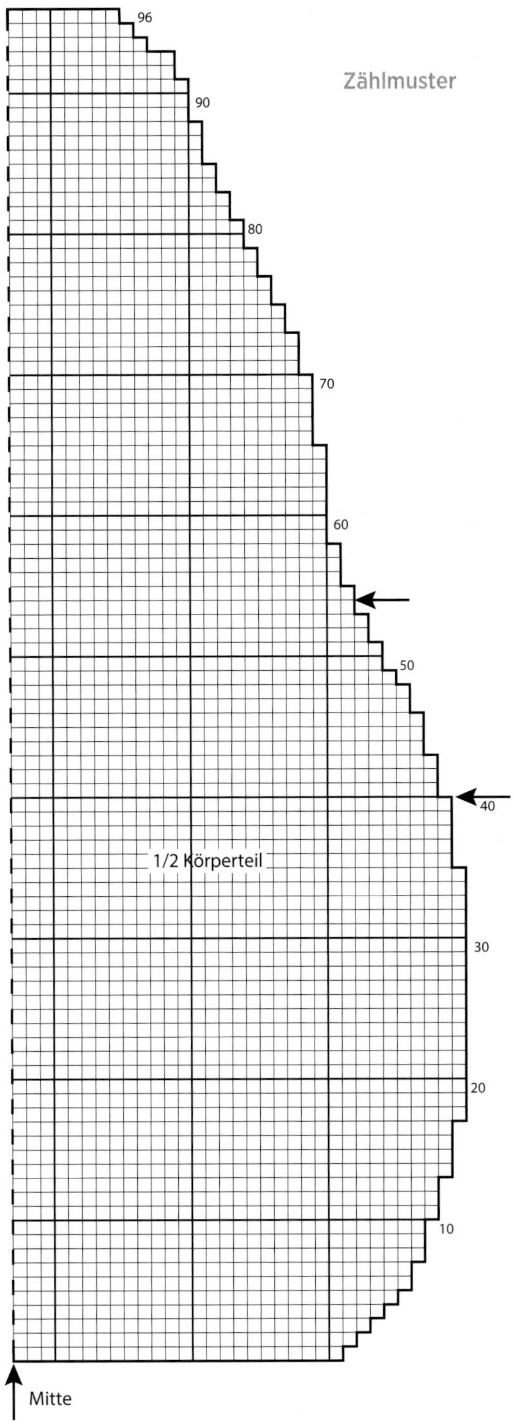

Zeichenerklärung

☐ = 1 Masche

Klara Katze

GRÖẞE: ca. 36 x 45 cm

MATERIAL

- Woolly Hugs CHARITY (75 % Wolle, 15 % Polyamid, 10 % Polylactid, Lauflänge = 100 m/50 g) von L & K (VeronikaHug.com): Je 50 g Rosa (Farbe 33), Fuchsia (Farbe 47), Sand (Farbe 10), Kiwi (Farbe 74), Orange (Farbe 26), Mais (Farbe 27), Jade (Farbe 63) und Petrol (Farbe 67), sowie ein Rest Schwarz (Farbe 99)
- 1 Häkelnadel Nr. 3,5
- Baumwollstoff in heller Farbe, ca. 110 x 45 cm
- ca. 250 g Füllwatte
- Schnittmusterpapier

MUSTER

Grundmuster: Feste Maschen in Reihen, dabei beginnt jede Reihe mit 1 zusätzlichen Wende-Luftmasche. **Feste Maschen in Runden**, dabei beginnt jede Runde mit 1 zusätzlichen Steige-Luftmasche und endet mit 1 Kettmasche in die 1. feste Masche der Runde.

MASCHENPROBE im Grundmuster

19 Maschen und 20,5 Reihen = 10 x 10 cm

SO WIRD'S GEMACHT

Körper (2x): 48 Luftmaschen + 1 zusätzliche Wende-Luftmasche in Fuchsia anschlagen und nach dem Zählmuster im Grundmuster arbeiten, dabei die Zu- und Abnahmen wie gezeichnet ausführen. Das Zählmuster zeigt ½ Körperteil, die 2. Hälfte gegengleich arbeiten. Ab der 82. Reihe werden die Ohren einzeln gearbeitet.

Schwanz: In Petrol einen Fadenring legen und im Grundmuster in Runden weiterarbeiten. **Tipp:** Während des Häkelns den Schwanz Stück für Stück mit Füllwatte ausstopfen. **1. Runde:** 5 feste Maschen (M) in den Ring arbeiten. **2. Runde:** Ohne Zunahmen arbeiten. **3. Runde:** Jede M verdoppeln = 10 M. **4. Runde:** Ohne Zunahmen arbeiten. **5. Runde:** Jede 2. M verdoppeln = 15 M. **6.–8. Runde:** Ohne Zunahmen arbeiten. **9. Runde:** Jede 5. M verdoppeln = 18 M. **10. Runde:** Ohne Zunahmen arbeiten. In Mais weiterarbeiten. **11.+12. Runde:** Ohne Zunahmen arbeiten. **13. Runde:** Jede 6. M verdoppeln = 21 M. **14.–16. Runde:** Ohne Zunahmen arbeiten. **17. Runde:** Jede 7. M verdoppeln = 24 M. **18.–20. Runde:** Ohne Zunahmen arbeiten. In Orange weiterarbeiten. **21.–30. Runde:** Ohne Zunahmen arbeiten. In Kiwi weiterarbeiten. **31. Runde:** Jede 8. M verdoppeln = 27 M. Anschließend noch 6 Runden in Kiwi und 10 Runden in Sand häkeln. In Rosa weiterarbeiten, dabei in der 1. Runde verteilt 3 M zunehmen = 30 M. Noch 6 Runden in Rosa, 7 Runden in Jade und 9 Runden in Fuchsia arbeiten und enden.

Augen (2x): In Kiwi einen Fadenring legen und im Grundmuster in Runden weiterarbeiten. **1. Runde:** 6 feste M in den Ring arbeiten. **2. Runde:** Jede M verdoppeln = 12 M.

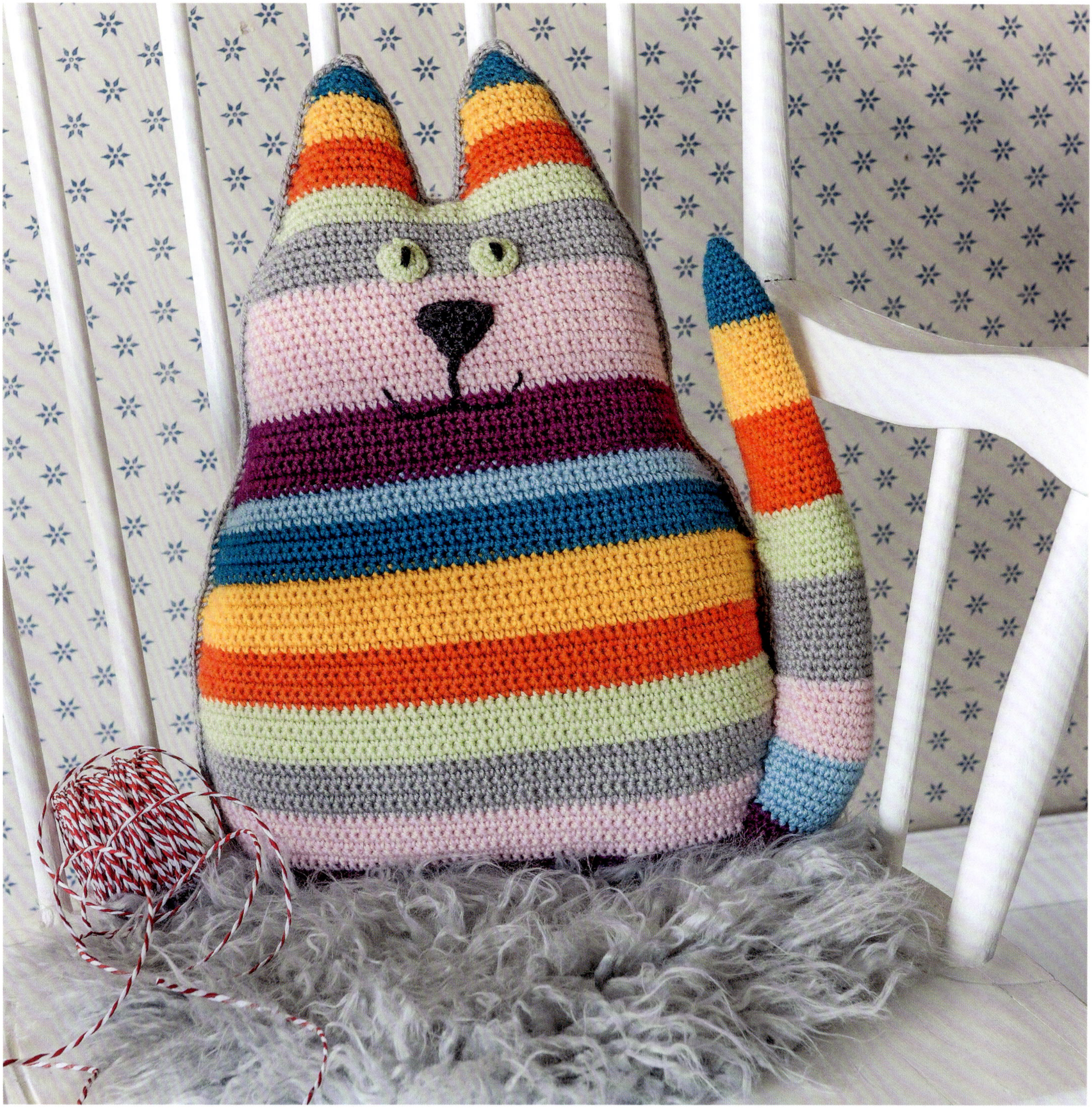

Nase: 1 Luftmasche + 1 Wende-Luftmasche in Schwarz anschlagen und nach der Häkelschrift arbeiten. Nach 3 Reihen ab Anschlag die Nase noch mit 1 Runde feste M umhäkeln und die Runde mit 1 Kettmasche schließen.

Fertigstellung: Für das Füllkissen zunächst aus Papier von einem Körperteil eine Schablone anfertigen. Schablone auf den doppelt liegenden Baumwollstoff legen und diesen mit 1 cm Nahtzugabe zuschneiden. Stoffteile rechts auf rechts legen und rundum zusammennähen, dabei eine Öffnung zum Füllen lassen. Kissenhülle wenden, ausstopfen und die Öffnung schließen. Augen und Nase laut Foto auf dem vorderen Körperteil arrangieren und festnähen. Schnauze mit Stielstichen, Mund mit Steppstichen und Pupillen mit Spannstichen in Schwarz laut Foto aufsticken. Körperteile links auf links aufeinanderlegen und von der Vorderseite her mit festen M in Stein zusammenhäkeln, dabei vor dem Ende der Umrundung eine Öffnung für den Einzug des Füllkissens lassen. Kissen einziehen und das restliche Stück schließen. Das Schwanzende offen seitlich an den unteren Streifen in Fuchsia nähen, so dass die Seitennaht überdeckt wird. Den Schwanz beidseits über 10–12 cm nach oben auf das vordere und das rückwärtige Körperteil nähen. In Höhe des kiwifarbenen Streifens den Schwanz punktuell an der Seitennaht fixieren.

Häkelschrift

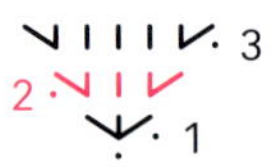

Zeichenerklärung

· = Luftmasche
ı = feste Masche
Laufen die Zeichen unten zusammen, die Maschen in 1 Einstichstelle arbeiten.

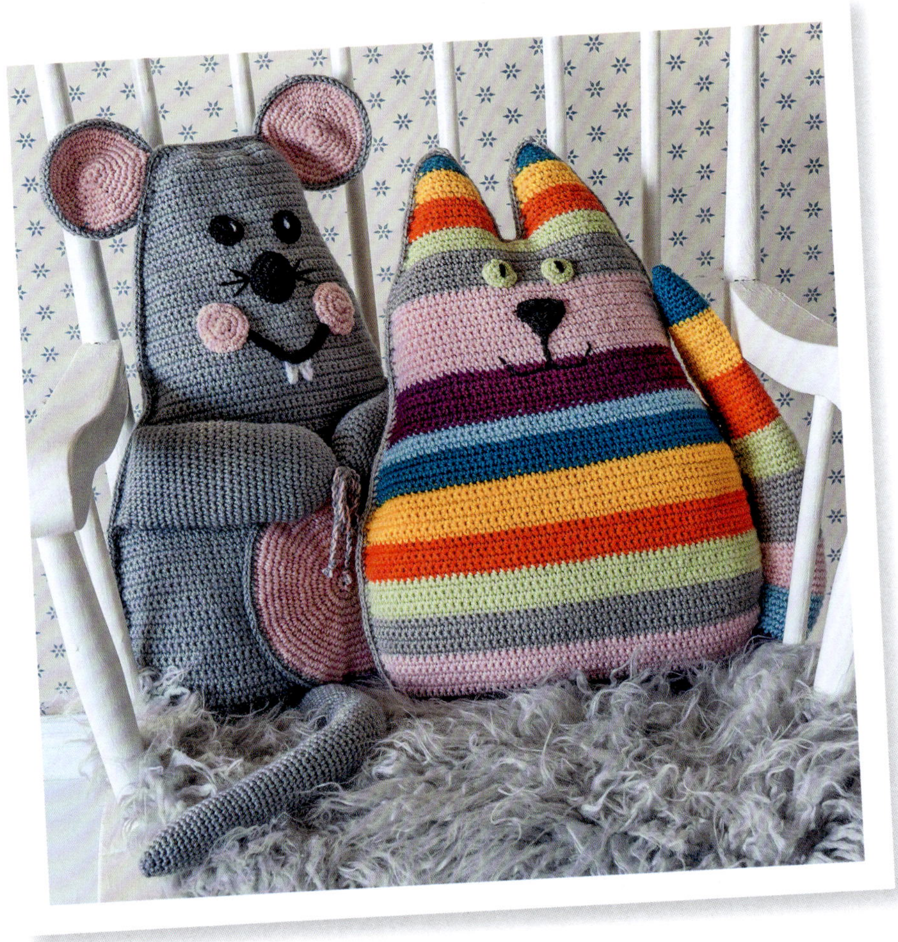

Zählmuster

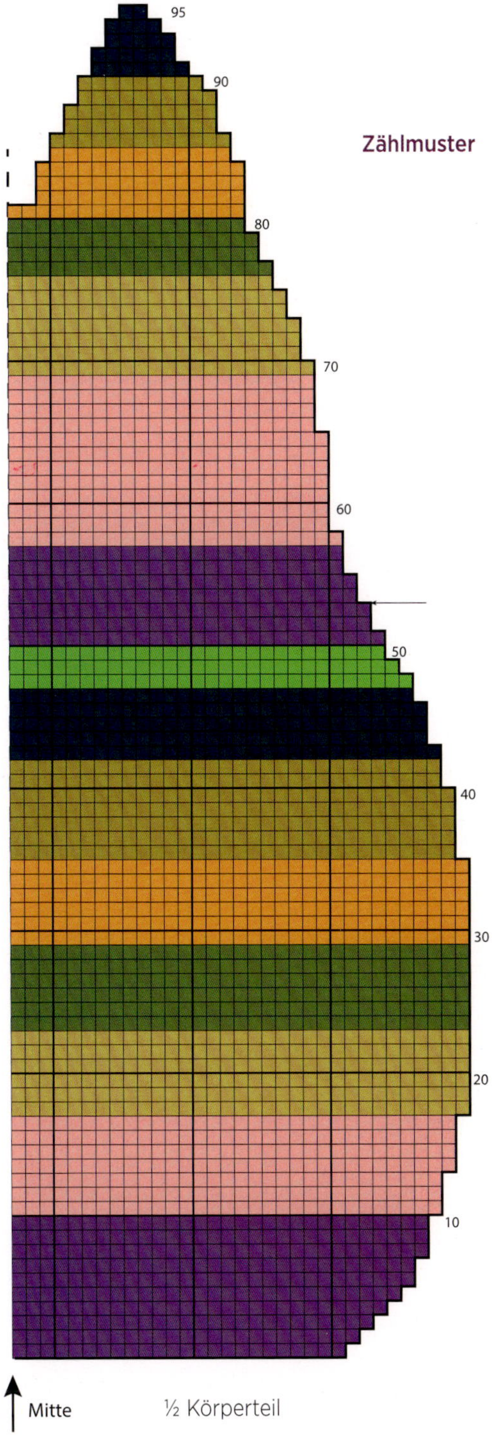

Zeichenerklärung

- = 1 Masche in Jade
- = 1 Masche in Petrol
- = 1 Masche in Mais
- = 1 Masche in Orange
- = 1 Masche in Kiwi
- = 1 Masche in Sand
- = 1 Masche in Rosa
- = 1 Masche in Fuchsia

Schorsch Schwein

GRÖßE: ca. 30 x 30 cm

MATERIAL

- Woolly Hugs CHARITY (75 % Wolle, 15 % Polyamid, 10 % Polylactid, Lauflänge = 100 m/50 g) von L & K (VeronikaHug.com): 200 g Azalee (Farbe 43), 50 g Cyclam (Farbe 37), sowie ein Rest Schwarz (Farbe 99) und Weiß (Farbe 01)
- 1 Häkelnadel Nr. 3,5
- 1 Innenkissen, 30 x 30 cm
- etwas Füllwatte

MUSTER

Grundmuster: Feste Maschen in Reihen, dabei beginnt jede Reihe mit 1 zusätzlichen Wende-Luftmasche. **Feste Maschen in Runden**, dabei beginnt jede Runde mit 1 zusätzlichen Steige-Luftmasche und endet mit 1 Kettmasche in die 1. feste Masche der Runde.
Strukturmuster: Die Anfangs-Maschenzahl muss durch 2 teilbar sein + 1 zusätzliche Masche. Laut Häkelschrift 1 arbeiten. Es sind die Hin- und Rückreihen gezeichnet. Mit den Maschen vor dem Mustersatz (MS) beginnen, den MS stets wiederholen, enden mit den Maschen nach dem MS. Die 1.–4. Reihe 1x arbeiten, danach die 3.+4. Reihe stets wiederholen.

MASCHENPROBE im Strukturmuster

21 Maschen und 17,5 Reihen = 10 x 10 cm

SO WIRD'S GEMACHT

Kissenteil (2x): 63 Luftmaschen + 1 Wende-Luftmasche in Azalee anschlagen und im Strukturmuster arbeiten. Nach 30 cm (= 52 Reihen) ab Anschlag enden.

Bein (8x): 10 Luftmaschen + 1 Wende-Luftmasche in Cyclam anschlagen und mit festen Maschen (M) in Reihen weiterarbeiten. Gleichzeitig zur Formgebung in der 2. Reihe beidseits je 1 M mustergemäß zunehmen = 12 M. Diese Zunahmen noch 1x in der folgenden 2. Reihe wiederholen = 14 M. Nach 5 cm (= 10 Reihen) ab Anschlag enden.

Ohr (4x): 18 Luftmaschen + 1 Wende-Luftmasche in Azalee anschlagen und mit festen M in Reihen weiterarbeiten. Ab der 5. Reihe ab Anschlag am Anfang **jeder** folgenden Reihe die 1. M übergehen, bis nur noch 2 M gearbeitet werden und enden.

Auge (2x): Einen Fadenring in Schwarz legen und im Grundmuster in Runden weiterarbeiten. **1. Runde:** 6 feste M in den Ring arbeiten. **2. Runde:** Jede M verdoppeln = 12 M. **3. Runde in Weiß:** Jede 2. M verdoppeln = 18 M.

Nasenloch (2x): Wie die Augen, dabei jedoch nur die 1. und 2. Runde in Azalee arbeiten.

Rüssel: Einen Fadenring in Cyclam legen und laut Häkelschrift 2 in Runden weiterarbeiten. Die 1.–8. Runde 1x arbeiten = 60 M. Anschließend noch 1 Runde in Cyclam und 4 Runden in Azalee ohne Zunahmen arbeiten und enden.

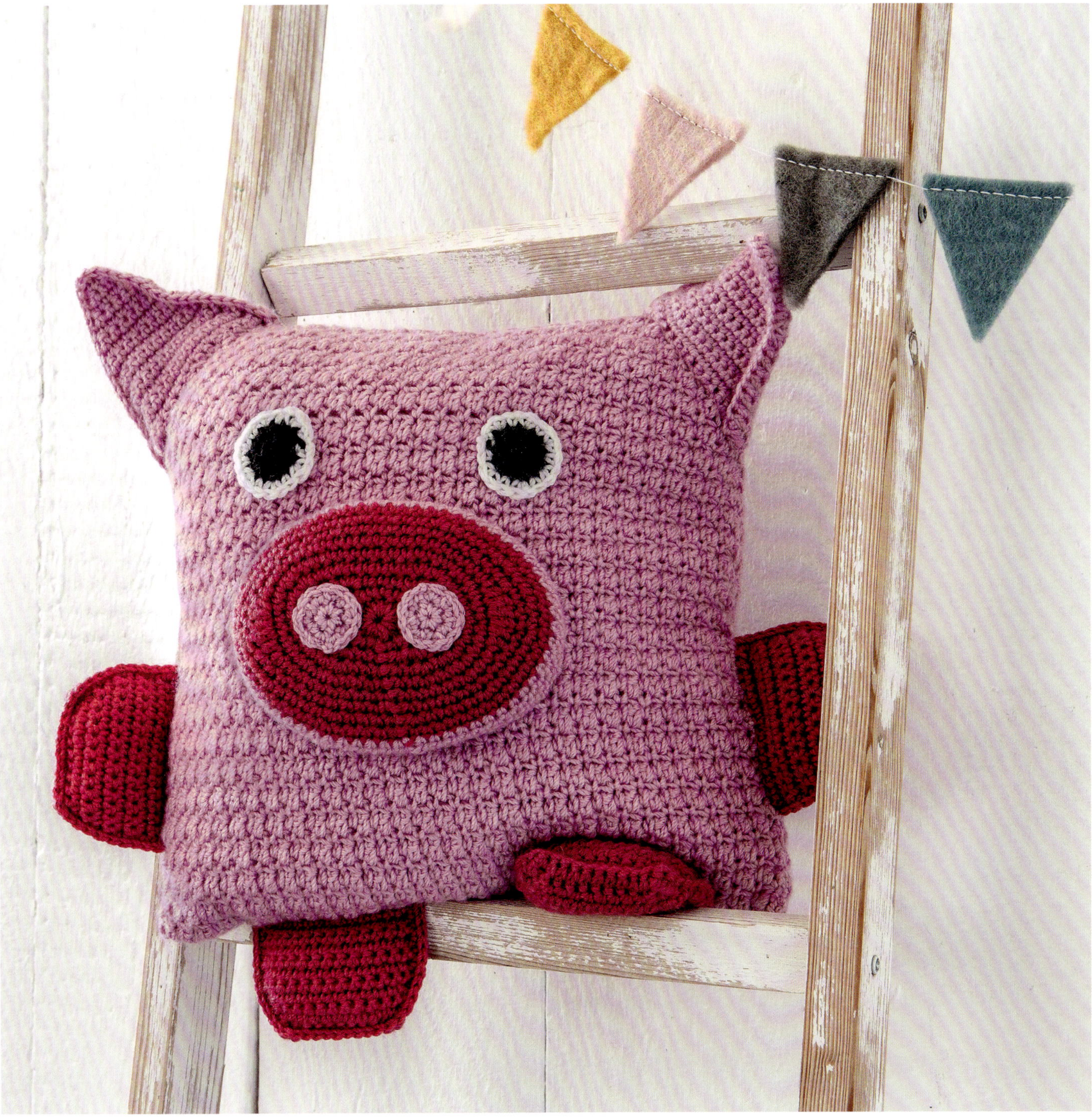

Ringelschwänzchen: 15 Luftmaschen + 1 Wende-Luftmasche in Azalee anschlagen und wie folgt behäkeln: 5x je 3 feste M in 1 Einstichstelle, 7x je 3 Stäbchen in 1 Einstichstelle, 2x je 3 Doppelstäbchen in 1 Einstichstelle, 1x 3 Doppelstäbchen, 1 halbes Stäbchen und 1 feste M in 1 Einstichstelle. Mit 1 Kettmasche in die 25. M der Reihe enden.

Fertigstellung: Die Nasenlöcher laut Foto auf den Rüssel und den Rüssel auf das vordere Kissenteil nähen, dabei eine Öffnung zum Füllen lassen. Den Rüssel mit Füllwatte ausstopfen und die Öffnung schließen. Augen aufnähen. Für die Beine jeweils 2 Teile entlang der Seiten- und Anschlagkanten mit festen M in Azalee zusammenhäkeln. Beinchen leicht mit Füllwatte ausstopfen und laut Foto an die Kante des Kissenvorderteils nähen, dabei die Öffnung schließen. Das Ringelschwänzchen mittig auf das untere Ende des rückwärtigen Kissenteils nähen. Kissenteile zusammennähen, dabei eine Öffnung für den Kisseneinzug lassen. Innenkissen einziehen und restliche Öffnung schließen. Je 2 Ohrenteile entlang der Seitenkanten und Spitze mit festen M in Azalee zusammenhäkeln. Die Ohren mit der Öffnung über die Kissenecken stülpen und ringsum annähen.

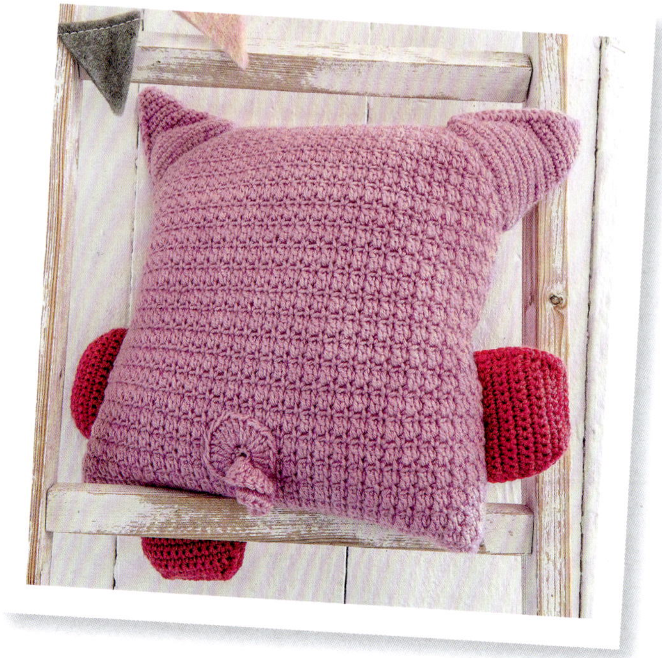

Häkelschrift 1

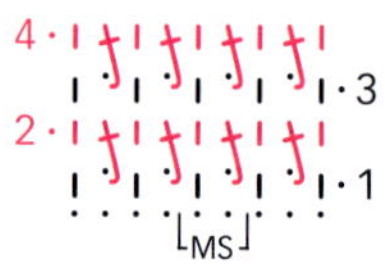

Häkelschrift 2

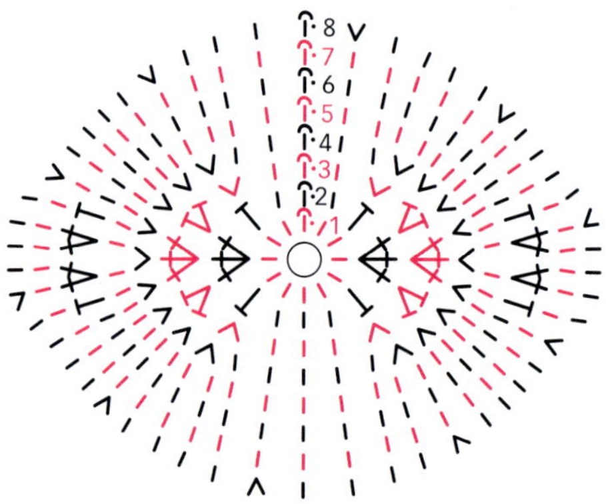

Zeichenerklärung

· = Luftmasche
⌢ = Kettmasche
ı = feste Masche
T = halbes Stäbchen
† = Stäbchen
† = 1 Stäbchen um die Luftmasche der Vorreihe arbeiten

Laufen die Zeichen unten zusammen, die Maschen in 1 Einstichstelle arbeiten.

Emil Elefant

GRÖßE: ca. 30 x 30 cm

MATERIAL

- Woolly Hugs CHARITY (75 % Wolle, 15 % Polyamid, 10 % Polylactid, Lauflänge = 100 m/50 g) von L&K (VeronikaHug.com): 300 g Jade (Farbe 63), je 50 g Petrol (Farbe 67) und Weiß (Farbe 01), sowie 50 g oder ein Rest Schwarz (Farbe 99)
- 1 Häkelnadel Nr. 3,5
- 1 Innenkissen, 30 x 30 cm
- etwas Füllwatte

MUSTER

Grundmuster 1: Feste Maschen in Runden, dabei beginnt jede Runde mit 1 zusätzlichen Steige-Luftmasche und endet mit 1 Kettmasche in die 1. feste Masche der Runde.

Grundmuster 2: 1. Reihe: Stäbchen, dabei das 1. Stäbchen der Reihe durch 3 Luftmaschen ersetzen. **2. Reihe:** Feste Maschen, dabei die Reihe mit 1 zusätzlichen Wende-Luftmasche beginnen. Die 1. und 2. Reihe stets wiederholen.

Strukturmuster: Siehe Kissen „Schorsch Schwein“ von Seite 30.

MASCHENPROBE im Strukturmuster

21 Maschen und 17,5 Reihen = 10 x 10 cm

SO WIRD'S GEMACHT

Kissenteil (2x): 63 Luftmaschen + 1 Wende-Luftmasche in Jade anschlagen und im Strukturmuster arbeiten. Nach 30 cm (= 52 Reihen) ab Anschlag enden.

Kopf (2x): Einen Fadenring in Jade legen und im Grundmuster 1 weiterarbeiten. **1. Runde:** 6 feste Maschen (M) in den Ring arbeiten. **2. Runde:** Jede M verdoppeln = 12 M. **3. Runde:** Jede 2. M verdoppeln = 18 M. **4. Runde:** Jede 2. M verdoppeln = 27 M. **5. Runde:** Ohne Zunahmen arbeiten. **6. Runde:** Jede 3. M verdoppeln = 36 M.

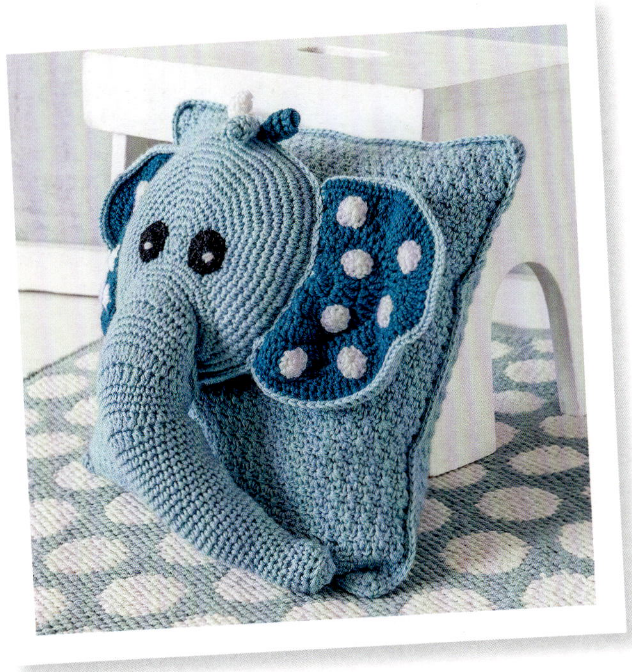

7. Runde: Jede 3. M verdoppeln = 48 M. **8. Runde:** Jede 4. M verdoppeln = 60 M. **9. Runde:** Ohne Zunahmen arbeiten. **10. Runde:** Jede 5. M verdoppeln = 72 M. **11. Runde:** Ohne Zunahmen arbeiten. **12. Runde:** Jede 6. M verdoppeln = 84 M. **13. Runde:** Ohne Zunahmen arbeiten. **14. Runde:** Jede 7. M verdoppeln = 96 M. **15. Runde:** Ohne Zunahmen arbeiten und enden.

Rüssel: Einen Fadenring in Jade legen und im Grundmuster 1 weiterarbeiten. **1. Runde:** 8 feste M in den Ring arbeiten. **2. Runde:** Jede 2. M verdoppeln = 12 M. **3. Runde:** 12 Relief-feste-M (= feste M dabei jeweils von hinten um die feste M der Vorrunde herum einstechen). **4.–6. Runde:** Ohne Zunahmen arbeiten. **7. Runde:** 2 M verteilt zunehmen = 14 M. **8.+9. Runde:** Ohne Zunahmen arbeiten. **10. Runde:** 2 M verteilt zunehmen = 16 M. **11.+12. Runde:** Ohne Zunahmen arbeiten. **13. Runde:** Jede 4. M verdoppeln = 20 M. **14. Runde:** Ohne Zunahmen arbeiten. **15. Runde:** Jede 5. M verdoppeln = 24 M. **16.–21. Runde:** Ohne Zunahmen arbeiten. **22. Runde:** 2 M verteilt zunehmen = 26 M. **23.–29. Runde:** Ohne Zunahmen arbeiten. **30. Runde:** 8 feste M, 3 halbe Stäbchen, 4 Stäbchen, 3 halbe Stäbchen, 8 feste M. **31. Runde:** 8 feste M, 3 halbe Stäbchen, 4x je 2 Stäbchen in 1 Einstichstelle, 3 halbe Stäbchen, 8 feste M = 30 M. **32.–34. Runde:** Feste M ohne Zunahmen arbeiten. **35. Runde:** 8 feste M, 4 halbe Stäbchen, 6 Stäbchen, 4 halbe Stäbchen, 8 feste M. **36. Runde:** 8 feste M, 4 halbe Stäbchen, 6x je 2 Stäbchen in 1 Einstichstelle, 4 halbe Stäbchen, 8 feste M = 36 M. **37.–39. Runde:** Feste M ohne Zunahmen arbeiten. **40. Runde:** 8 feste M, 8 halbe Stäbchen, 4 Stäbchen, 8 halbe Stäbchen, 8 feste M. **41. Runde:** 8 feste M, 8 halbe Stäbchen, 4x je 2 Stäbchen in 1 Einstichstelle, 8 halbe Stäbchen, 8 feste M = 40 M. **42. Runde:** Feste M ohne Zunahmen arbeiten. **43. Reihe:** Jede 4. M verdoppeln = 50 M. **44. Runde:** Feste M ohne Zunahmen arbeiten und die Arbeit beenden. Den Rüssel mit Füllwatte ausstopfen.

Unterkiefer: Einen Fadenring in Jade legen und im Grundmuster 1 weiterarbeiten. **1. Runde:** 6 feste M in den Ring arbeiten. **2. Runde:** Jede M verdoppeln = 12 M. **3. Runde:** Jede 2. M verdoppeln = 18 M. **4. Runde:** Jede 3. M verdoppeln = 24 M. **5. Runde:** Jede 2. M verdoppeln = 36 M. Nun die Scheibe links auf links zur Hälfte legen und mit festen M zusammenhäkeln.

Ohr (je 2x in Jade und Petrol): Einen Fadenring legen und im Grundmuster 2 weiterarbeiten. Für die **1. Reihe** 8 Stäbchen in den Ring arbeiten. **2. Reihe:** Feste M, dabei jede M verdoppeln = 16 M. **3. Reihe:** 16 Stäbchen. **4. Reihe:** Feste M, dabei jede 2. M verdoppeln = 24 M. **5. Reihe:** Stäbchen, dabei jede 3. M verdoppeln = 32 M. **6. Reihe:** 32 feste M. **7. Reihe:** Stäbchen, dabei jede 4. M verdoppeln = 40 M. **8. Reihe:** 8 feste M, 9x je 2 Stäbchen in 1 Einstichstelle, 14 Stäbchen, 5 halbe Stäbchen, 4 feste M = 49 M. **9. Reihe:** 7 feste M, 4 halbe Stäbchen, 12 Stäbchen, 8x je 2 Stäbchen in 1 Einstichstelle, 6 Stäbchen, 6 halbe Stäbchen, 6 feste M = 57 M.

Auge (2x): Einen Fadenring in Schwarz legen, 3 Anfangs-Luftmaschen und 11 Stäbchen in den Ring arbeiten. Die Runde mit 1 Kettmasche schließen.

Punkt (14x): Einen Fadenring in Weiß legen, 2 Anfangs-Luftmaschen und 9 halbe Stäbchen in den Ring arbeiten. Die Runde mit 1 Kettmasche schließen.

Locken: 15 Luftmaschen in Jade anschlagen und mit festen M behäkeln, dabei stets 3 feste M in 1 Einstichstelle arbeiten. Die petrolfarbene Locke ebenso, jedoch über 12 Luftmaschen, die weiße Locke ebenso, jedoch über 10 Luftmaschen arbeiten.

Fertigstellung: Auf die petrolfarbenen Ohrenteile jeweils verteilt 7 Punkte aufnähen. Jeweils ein Ohrenteil in Jade und Petrol aufeinanderlegen und mit festen M in Jade ringsum wie folgt zusammenhäkeln: 23 feste Maschen, 11x jeweils 2 feste M in 1 Einstichstelle, 23 feste M. Ein Kopfteil auf ein Kissenteil nähen, dafür entlang der 11. Runde des Kopfteils durchnähen, so dass die Nahtlinie oben ca. 5 cm unterhalb der oberen Kissenkante verläuft. Anschließend das 2. Kopfteil mit festen M in Jade an das 1. Kopfteil häkeln, dabei vor dem Schließen der Runde den Kopf mit Füllwatte ausstopfen. Den ausgestopften Rüssel offen auf den Kopf nähen (unterer Abstand zur Kopfaußenkante ca. 1–2 cm). Unterkiefer im Bogen entlang der Bruchlinie unter den Rüssel nähen. Augen aufnähen und Lichtreflexe mit Spannstichen in Weiß aufsticken. Locken an die obere Kante des Kopfes nähen. Die Kissenteile mit festen M in Jade zusammenhäkeln, dabei eine Öffnung für den Kisseneinzug lassen. Füllkissen einziehen und das restliche Stück schließen.

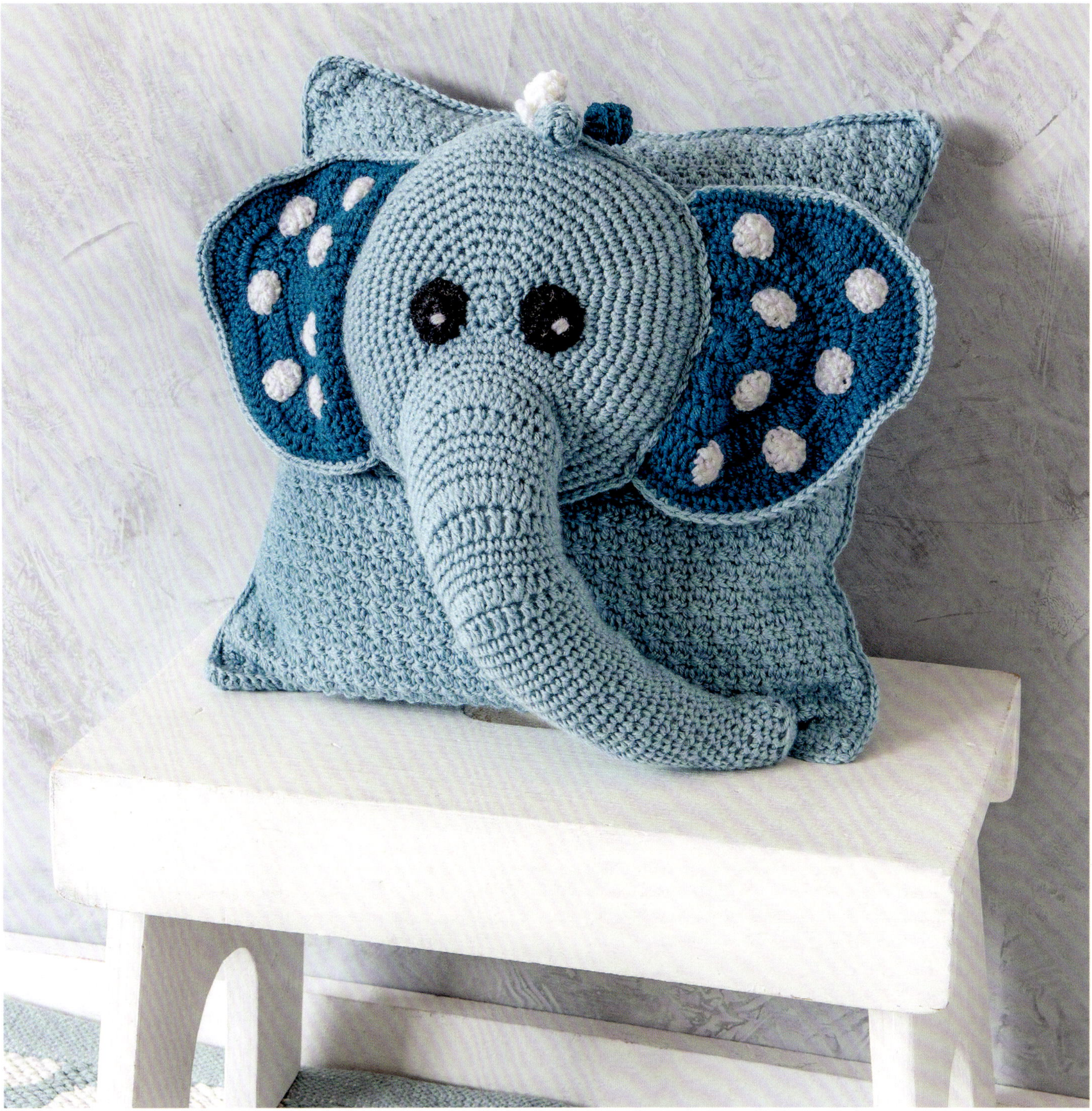

Susi Schildkröte

GRÖßE: ca. 56 cm Ø

MATERIAL

- Woolly Hugs CHARITY (75 % Wolle, 15 % Polyamid, 10 % Polylactid, Lauflänge = 100 m/50 g) von L & K (VeronikaHug.com): Je 150 g Sand (Farbe 10) und Apfel (Farbe 75), 100 g Camel (Farbe 08) und ein Rest Schwarz (Farbe 99)
- 1 Häkelnadel Nr. 3,5
- 2 schwarze Tieraugen zum Einnähen
- 1 Innenkissen, 50 cm Ø
- etwas Füllwatte

MUSTER

Grundmuster: Stäbchen in Runden. Jede Runde beginnt mit 3 Luftmaschen als Ersatz für das 1. Stäbchen und endet mit 1 Kettmasche in die 3. Ersatz-Luftmasche der Runde.

MASCHENPROBE im Grundmuster

4,5 Runden = 10 cm Ø

SO WIRD'S GEMACHT

Körper-Unterteil: In Sand einen Fadenring legen und im Grundmuster in Runden weiterarbeiten. **1. Runde:** 10 Stäbchen in den Ring arbeiten. **2. Runde:** Jede Masche (M) verdoppeln = 20 M. **3. Runde:** Feste Maschen, dabei jede 2. M verdoppeln = 30 M. Anschließend noch 17 Runden Stäbchen arbeiten, dabei in jeder Runde gleichmäßig verteilt 10 M zunehmen = 200 M. Nach 20 Runden ab Anschlag enden.

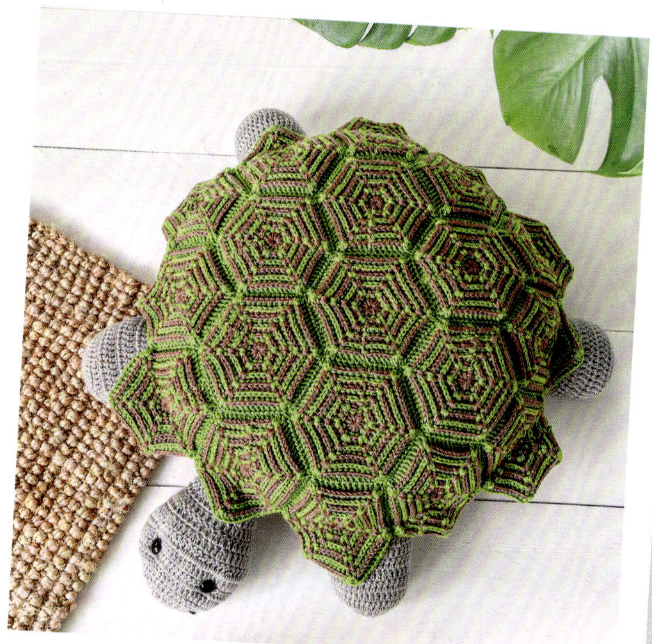

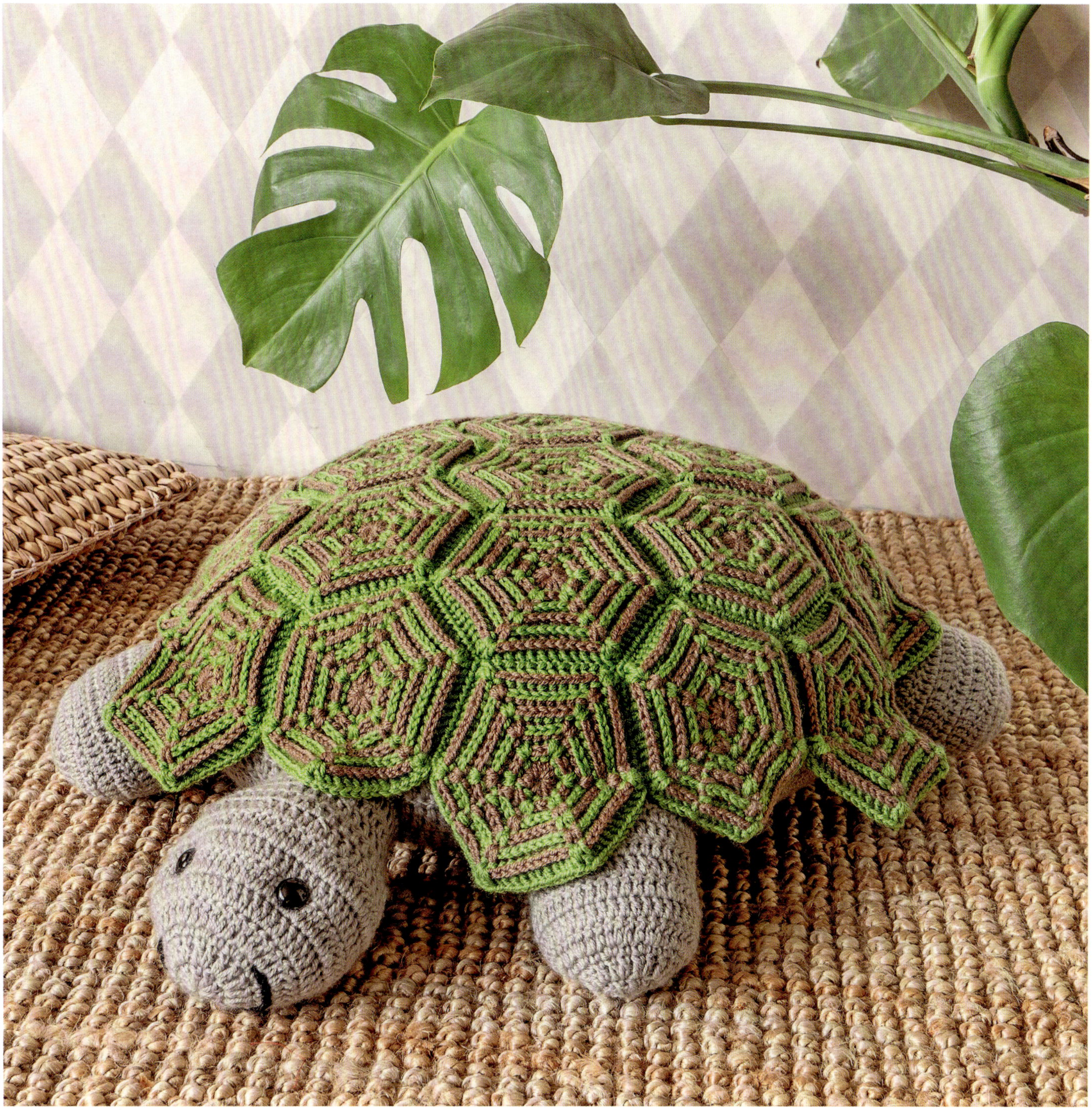

Körper-Oberteil-Sechseck (19x): Mit einem Fadenring beginnen und nach der Häkelschrift in Runden weiterarbeiten. Jede Runde beginnt mit 3 Anfangs-Luftmaschen als Ersatz für das 1. Stäbchen bzw. 1 zusätzlichen Steige-Luftmasche. Die 1.–6. Runde 1x arbeiten, dabei stets 1 Runde Camel, 1 Runde Apfel im Wechsel arbeiten.

Kopf: In Sand einen Fadenring legen und im Grundmuster weiterarbeiten, dabei die 1.–6. Runde wie beim Körper-Unterteil arbeiten = 60 M. Im Grundmuster weiterarbeiten, dabei die 7. Runde ohne Zunahmen arbeiten. In der 8.+9. Runde jeweils 10 M und in der 10.+11. Runde jeweils 4 M gleichmäßig verteilt abnehmen. Über den restlichen 32 M noch 3 Runden häkeln, dann enden.

Bein (4x): In Sand einen Fadenring legen und im Grundmuster weiterarbeiten, dabei die 1.–4. Runde wie beim Körper-Unterteil arbeiten = 40 M. Dann noch 7 Runden häkeln und enden.

Fertigstellung: Für das Körper-Oberteil die Sechsecke nach der Schemazeichnung in Apfel zusammennähen. Körper-Unterteil und Körper-Oberteil links auf links aufeinanderlegen und entlang der Kontur des Unterteils zusammennähen, so dass die Ecken des äußeren Sechseck-Rings überstehen. Dabei eine Öffnung für den Kisseneinzug lassen. Innenkissen einziehen und restliche Öffnung zusammennähen. Kopf und Beine mit Füllwatte ausstopfen und laut Markierungen in der Schemazeichnung offen auf das Unterteil nähen. Die Linie für den Mund mit Stielstichen in Schwarz laut Foto entlang der 3. Runde aufsticken. Augen laut Foto annähen.

Häkelschrift

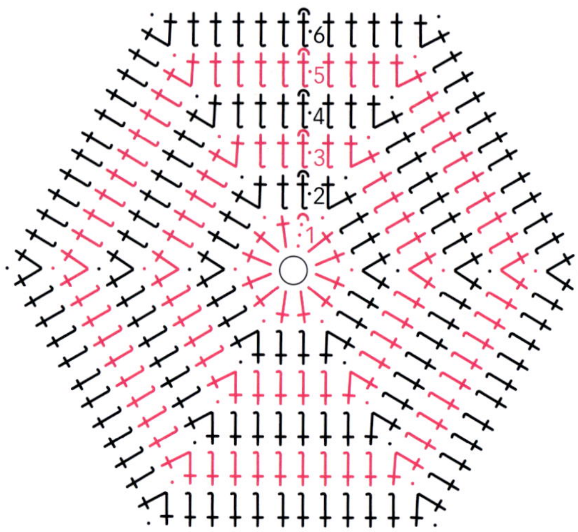

Zeichenerklärung

- · = Luftmasche
- ᴖ = Kettmasche
- † = Stäbchen
- ꝉ = Reliefstäbchen von hinten (Stäbchen, dabei von hinten nach vorn um die M der Vorrunde herum einstechen)

Laufen die Zeichen unten zusammen, die Maschen in 1 Einstichstelle arbeiten.

Schemazeichnung

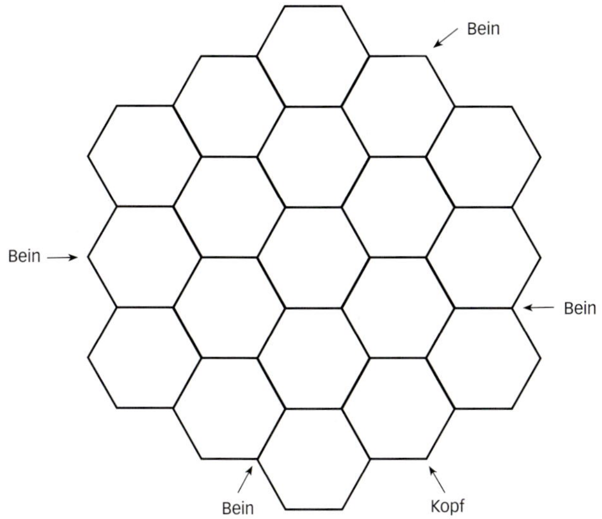

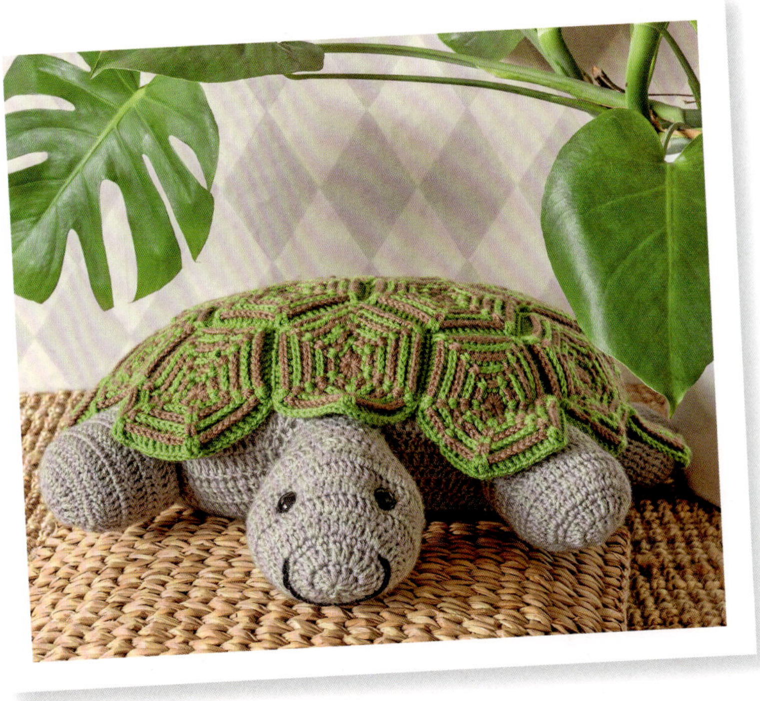

Hubert Hund

GRÖẞE: ca. 40 x 40 cm

MATERIAL

- Woolly Hugs CHARITY (75 % Wolle, 15 % Polyamid, 10 % Polylactid, Lauflänge = 100 m/50 g) von L & K (VeronikaHug.com): 300 g Camel (Farbe 08), 200 g Sand (Farbe 10), je 50 g oder ein Rest Rot (Farbe 30), Weiß (Farbe 01) und Schwarz (Farbe 99)
- 1 Häkelnadel Nr. 3,5
- 1 Innenkissen, 40 x 40 cm
- etwas Füllwatte

MUSTER

Grundmuster 1: Feste Maschen, dabei beginnt jede Reihe mit 1 zusätzlichen Wende-Luftmasche.
Grundmuster 2: Halbe Stäbchen in Runden, dabei beginnt jede Runde mit 2 Luftmaschen als Ersatz für das 1. halbe Stäbchen und endet mit 1 Kettmasche in die 2. Ersatz-Luftmasche.
Strukturmuster: Siehe Kissen „Schorsch Schwein" von Seite 30.

MASCHENPROBE im Strukturmuster

21 Maschen und 17,5 Reihen = 10 x 10 cm

SO WIRD'S GEMACHT

Kissenteil (je 1x in Camel und Sand): 95 Luftmaschen + 1 Wende-Luftmasche anschlagen und im Strukturmuster arbeiten. Nach 45 cm (= 78 Reihen) ab Anschlag enden.

Kopf (2x): 26 Luftmaschen + 1 zusätzliche Wende-Luftmasche in Camel anschlagen und nach Zählmuster 1 im Grundmuster 1 arbeiten.

Gesicht: 24 Luftmaschen + 1 zusätzliche Wende-Luftmasche in Sand anschlagen und nach Zählmuster 2 im Grundmuster 1 arbeiten.

Ohr (je 2x in Camel und Sand): 7 Luftmaschen + 1 Wende-Luftmasche anschlagen und nach Zählmuster 3 im Grundmuster 1 weiterarbeiten.

Zunge: 1 Luftmasche + 1 Wende-Luftmasche in Rot anschlagen und nach Zählmuster 4 im Grundmuster 1 arbeiten.

Nase: 8 Luftmaschen + 1 Wende-Luftmasche in Schwarz anschlagen und im Grundmuster 1 arbeiten. Ab der 3. Reihe ab Anschlag in jeder folgenden Reihe die 1. Masche (M) der Vorreihe übergehen, bis nur noch 1 feste M gearbeitet wird. Dann die Arbeit beenden.

Auge (2x): In Weiß einen Fadenring legen und im Grundmuster 1 in Runden weiterarbeiten. **1. Runde:** 7 feste M in den Ring arbeiten. **2. Runde:** Jede M verdoppeln = 14 M. **3. Runde:** Jede 2. M verdoppeln = 21 M.

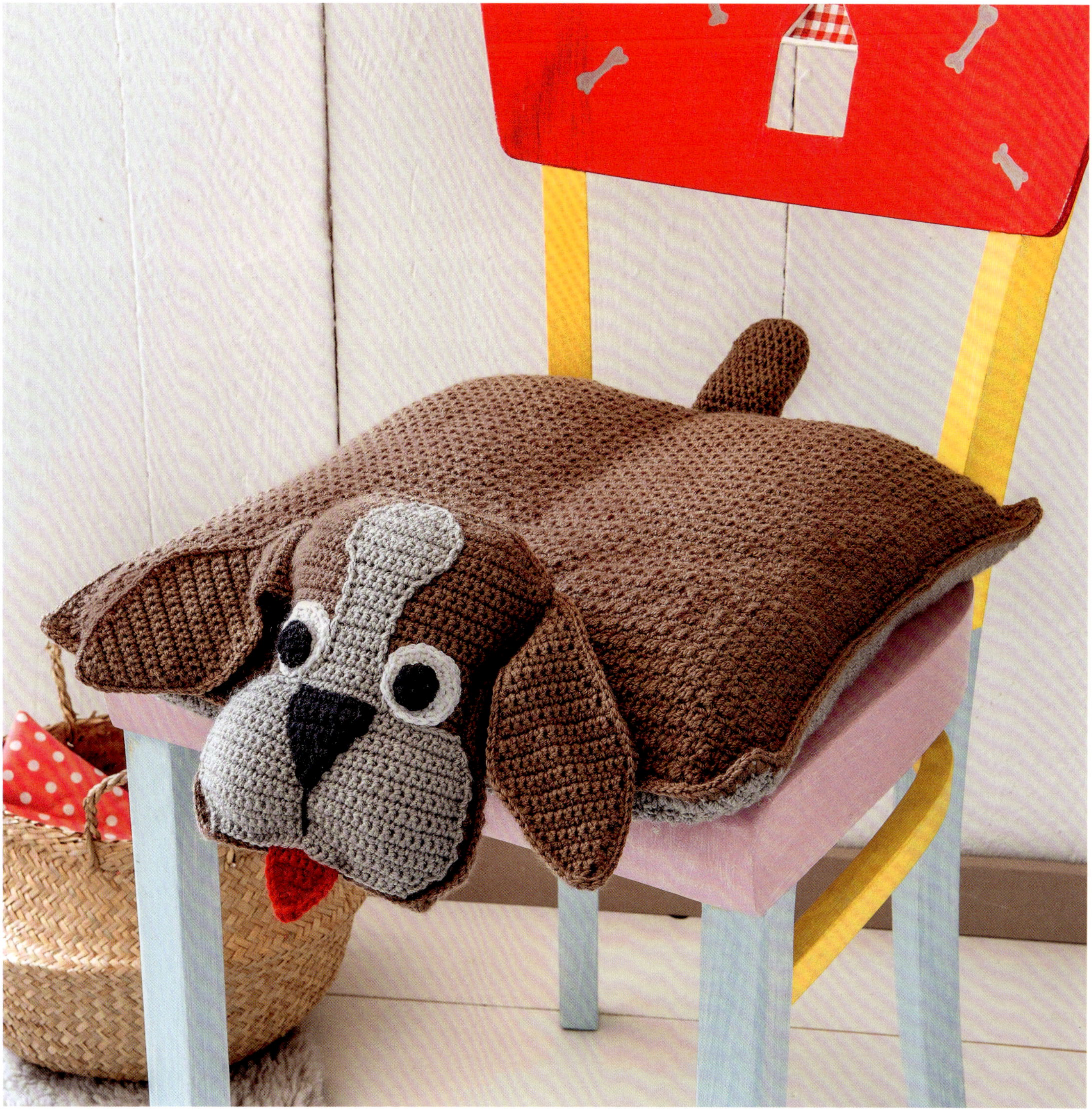

Pupille (2x): In Schwarz einen Fadenring legen, 2 Anfangs-Luftmaschen und 8 halbe Stäbchen in den Ring arbeiten. Die Runde mit 1 Kettmasche schließen.

Schwanz: In Camel einen Fadenring legen und im Grundmuster 2 in Runden weiterarbeiten. **1. Runde:** 10 halbe Stäbchen in den Ring arbeiten. **2. Runde:** Jede 2. M verdoppeln = 15 M. **3. Runde:** Jede 3. M verdoppeln = 20 M. **4. Runde:** 2 M verteilt zunehmen = 22 M. Ohne Zunahmen weiterarbeiten und nach ca. 11 cm Schwanzlänge enden, den Arbeitsfaden jedoch noch nicht abschneiden. Den Schwanz mit Füllwatte ausstopfen, Kante aufeinanderlegen und mit 1 Reihe feste M zusammenhäkeln.

Fertigstellung: Das Gesicht auf ein Kopfteil nähen, dabei die Zunge unter der Schnauzenmitte platzieren und mit annähen. Nase und Augen laut Foto aufnähen und die Lippenspalte mit Spannstichen in Schwarz aufsticken. Je 1 Ohrenteil in Camel und Sand aufeinanderlegen, zusammennähen und laut Foto an das vordere Kopfteil nähen. Vorderes und rückwärtiges Kopfteil links auf links legen und inklusive der Ohren ringsum mit festen M in Camel zusammenhäkeln, dabei eine Öffnung zum Füllen lassen. Den Kopf mit Füllwatte ausstopfen und das restliche Stück schließen. Kissenteile links auf links legen und ringsum mit festen M in Camel zusammenhäkeln, dabei eine Öffnung zum Füllen lassen. Das Innenkissen einziehen und das restliche Stück schließen. Den Kopf laut Foto auf das Kissen nähen, dabei eine Quernaht am Hinterkopf und eine Längsnaht entlang der Kopfmitte arbeiten. Schwanz annähen.

Zählmuster 1

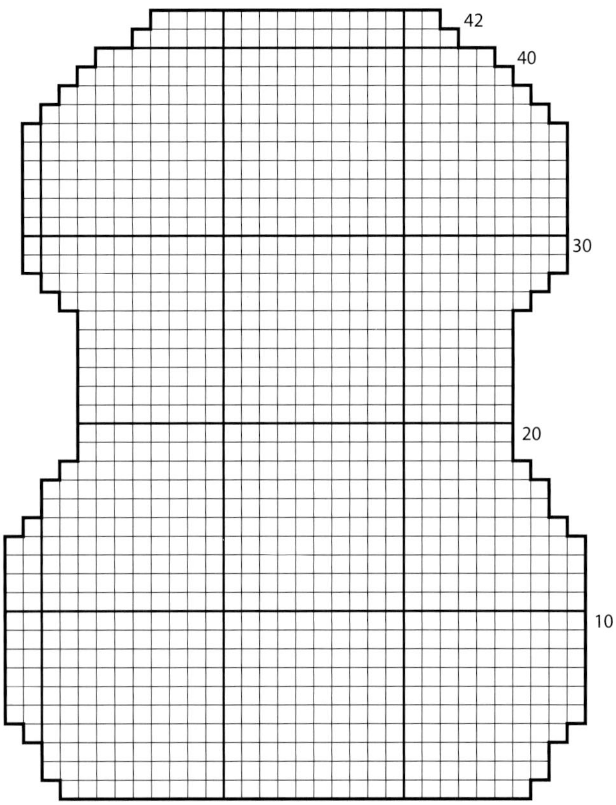

Zählmuster 2

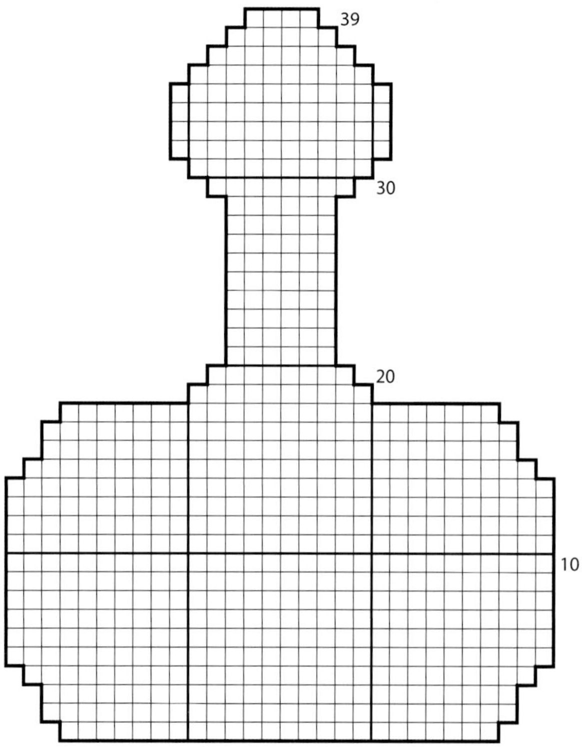

Zählmuster 3

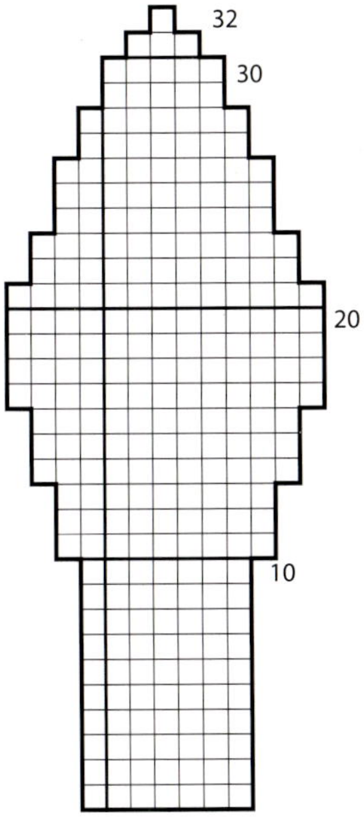

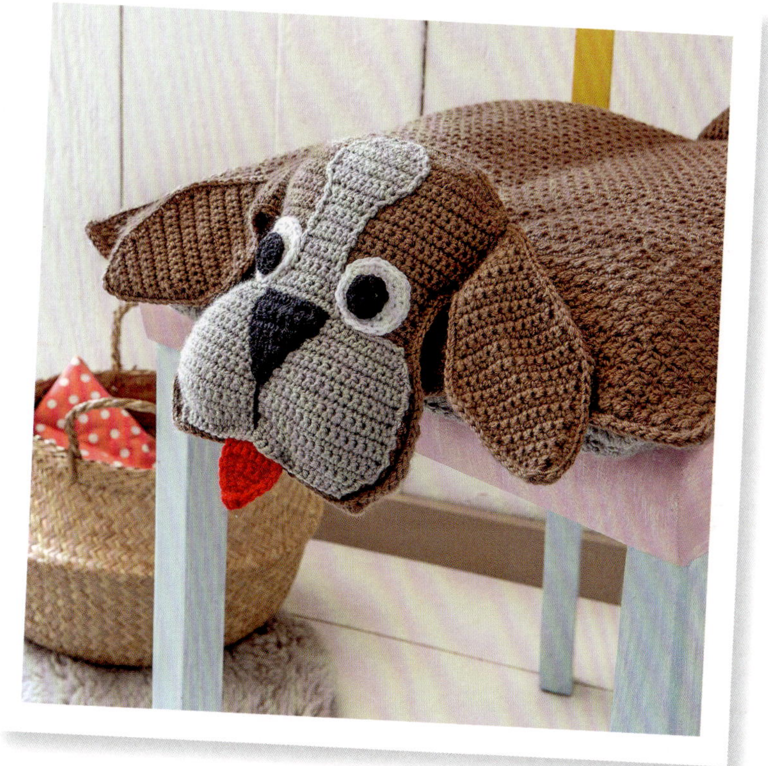

Zählmuster 4

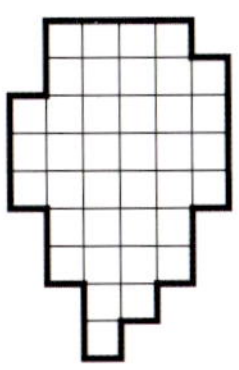

Zeichenerklärung

□ = 1 Masche

Frieder Fisch

GRÖẞE: ca. 58 x 42 cm

MATERIAL

- Woolly Hugs CHARITY (75 % Wolle, 15 % Polyamid, 10 % Polylactid, Lauflänge = 100 m/50 g) von L & K (VeronikaHug.com): 150 g Gelb (Farbe 22), 100 g Marine (Farbe 50) und je 50 g Hellblau (Farbe 56), Apfel (Farbe 75), Orange (Farbe 26), Rot (Farbe 30) und Fuchsia (Farbe 47)
- 1 Häkelnadel Nr. 3,5
- 1 Innenkissen, 50 cm Ø
- 2 schwarze Knöpfe mit 4 Löchern, ca. 15 mm Ø
- etwas Füllwatte

MUSTER

Grundmuster: Feste Maschen in Reihen, dabei beginnt jede Reihe mit 1 zusätzlichen Wende-Luftmasche. **Feste Maschen in Spiralrunden**, dabei beginnt die 1. Runde mit 1 zusätzlichen Steige-Luftmasche. Für jede folgende Runde über den Rundenanfang hinweg in Spiralrunden arbeiten. Den Rundenanfang markieren und diese Markierung Runde für Runde mitführen.
Popcornmuster: Die Anfangs-Maschenzahl muss ungerade sein. **1. Reihe:** 3 Anfangs-Luftmaschen als Ersatz für das 1. Stäbchen, * 1 Popcornmasche (= 5 Stäbchen in 1 Einstichstelle arbeiten, die Nadel aus der Schlinge nehmen, in den Kopf des 1. Stäbchens einstechen, die Schlinge wieder auf die Nadel nehmen und die 3 auf der Nadel liegenden Schlingen zusammen abmaschen), 1 Stäbchen, ab * stets wiederholen. **2. Reihe:** Feste Maschen, dabei die Reihe mit 1 zusätzlichen Wende-Luftmasche beginnen. Die 1.+2. Reihe stets wiederholen.

MASCHENPROBE im Popcornmuster

14 Maschen und 11,5 Reihen = 10 x 10 cm

SO WIRD'S GEMACHT

Hinweis: Es wird zunächst mit dem Gesicht begonnen und anschließend der Körper in zwei Teilen angehäkelt. Die Zu- und Abnahmen beim Popcornmuster werden stets in den Rückreihen gearbeitet.

Gesicht: Mit Gelb einen Fadenring legen und im Grundmuster in Spiralrunden weiterarbeiten. **1. Runde:** 6 feste Maschen (M) in den Ring arbeiten. **2. Runde:** Jede M verdoppeln = 12 M. **3. Runde:** Jede 2. M verdoppeln = 18 M. **4. Runde:** Jede 3. M verdoppeln = 24 M. **5. Runde:** Jede 4. M verdoppeln = 30 M. **6. Runde:** Jede 5. M verdoppeln = 36 M. **7. Runde:** Jede 6. M verdoppeln = 42 M. **8. Runde:** 8x jede 5. M verdoppeln = 50 M. Anschließend noch 10 Runden arbeiten, dabei in jeder Runde gleichmäßig verteilt 4 M zunehmen = 90 M. Nun die Arbeit in zwei Hälften teilen und zunächst über den 45 M der 1. Hälfte in der Farbfolge * je 2 Reihen Fuchsia, Marine, Hellblau, Apfel, Gelb, Orange und Rot, ab * stets wiederholen, im Popcornmuster weiterarbeiten. **Gleichzeitig** zur Formgebung 5x in jeder 2. Reihe beidseits je 1 M zunehmen = 55 M. Nach 16,5 cm (= 19 Reihen) Popcornmuster beidseits 1 M abnehmen und anschließend noch 8x in jeder folgenden Reihe je 1 M unbehäkelt lassen = 37 M. Danach 3x in jeder 2. Reihe beidseits je 2 M und in der folgenden 2. Reihe noch 1x 1 M unbehäkelt lassen = 23 M. Nach 38 cm (= 44 Reihen) Popcornmuster enden. Die 2. Körperhälfte über den ruhenden 45 M des Gesichts ebenso arbeiten.

Schwanzflosse (2x): 25 Luftmaschen + 1 zusätzliche Wende-Luftmasche in Marine anschlagen und nach dem Zählmuster im Grundmuster arbeiten. Nach 9,5 cm (= 19 Reihen) ab Anschlag nach der Häkelschrift weiterarbeiten. Zum besseren Verständnis ist die letzte Reihe des Zählmusters (= 19. Reihe) mit eingezeichnet.

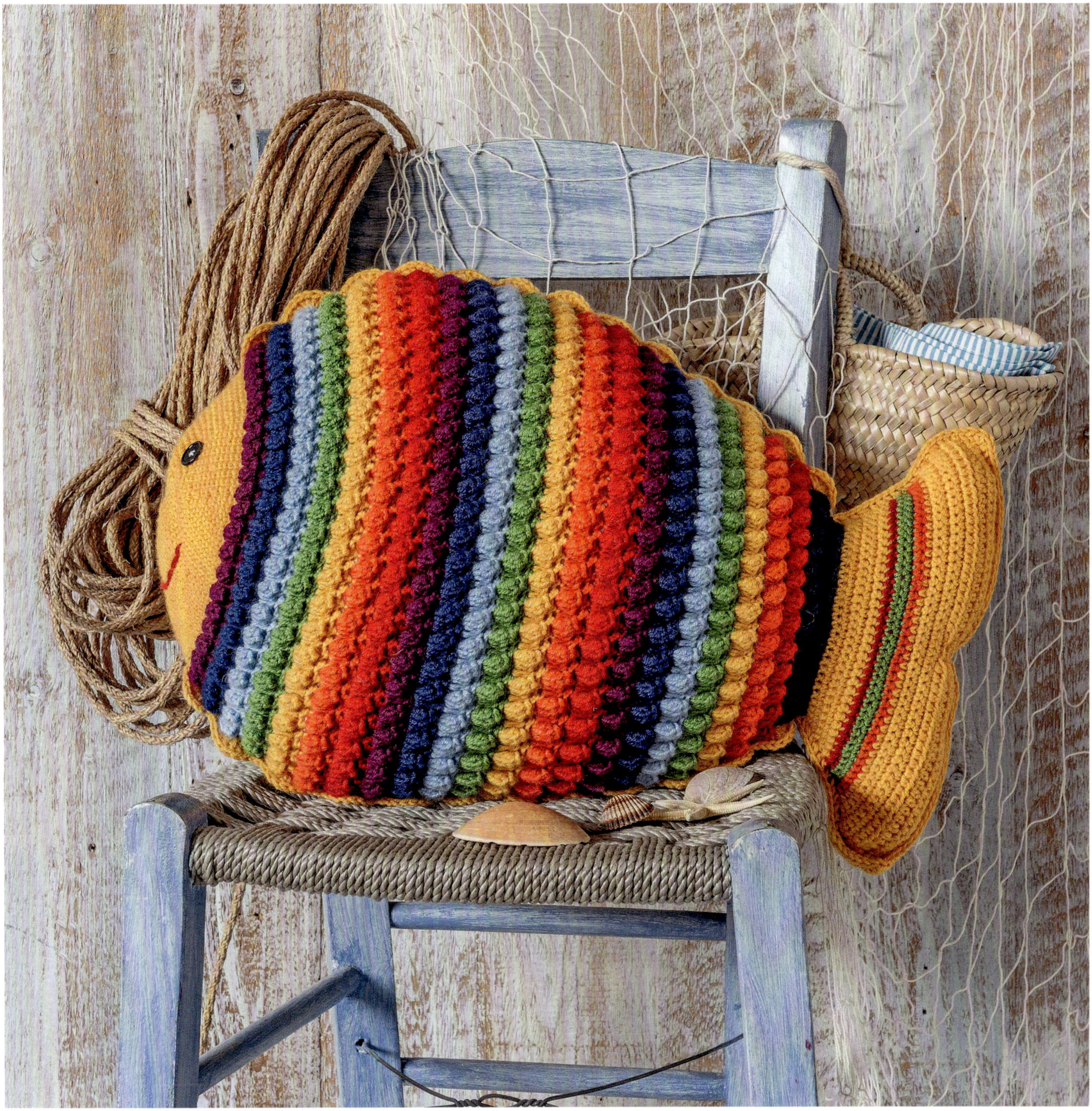

Fertigstellung: Die Flossenteile aufeinanderlegen und ringsum mit Ausnahme der Anschlagkanten mit 1 Reihe feste M in Gelb zusammenhäkeln. Die Flosse mit Füllwatte ausstopfen und die Anschlagkante zusammennähen. Die Körperteile des Fisches links auf links liegend an den Seiten mit festen M in Apfel zusammenhäkeln, dabei darauf achten, dass die gehäkelte Maschenzahl durch 7 teilbar ist. Bevor die 2. Seite geschlossen ist die Kissenfüllung einziehen und dann die Naht schließen. Anschließend die festen M mit je 1 Reihe Muscheln in Gelb überhäkeln (= * 1 feste Masche, 2 M der Vorreihe übergehen, 6 Stäbchen in 1 Einstichstelle arbeiten, 2 M der Vorreihe übergehen, 1 feste Masche, ab * stets wiederholen). Die Schwanzflosse annähen, dabei die Enden der Körperteile zusammennähen. Den Mund entlang der 8. Runde des Kopfes mit Stielstichen in Rot aufsticken. Knöpfe mit weißem Faden so aufnähen, dass der Faden ein x bildet.

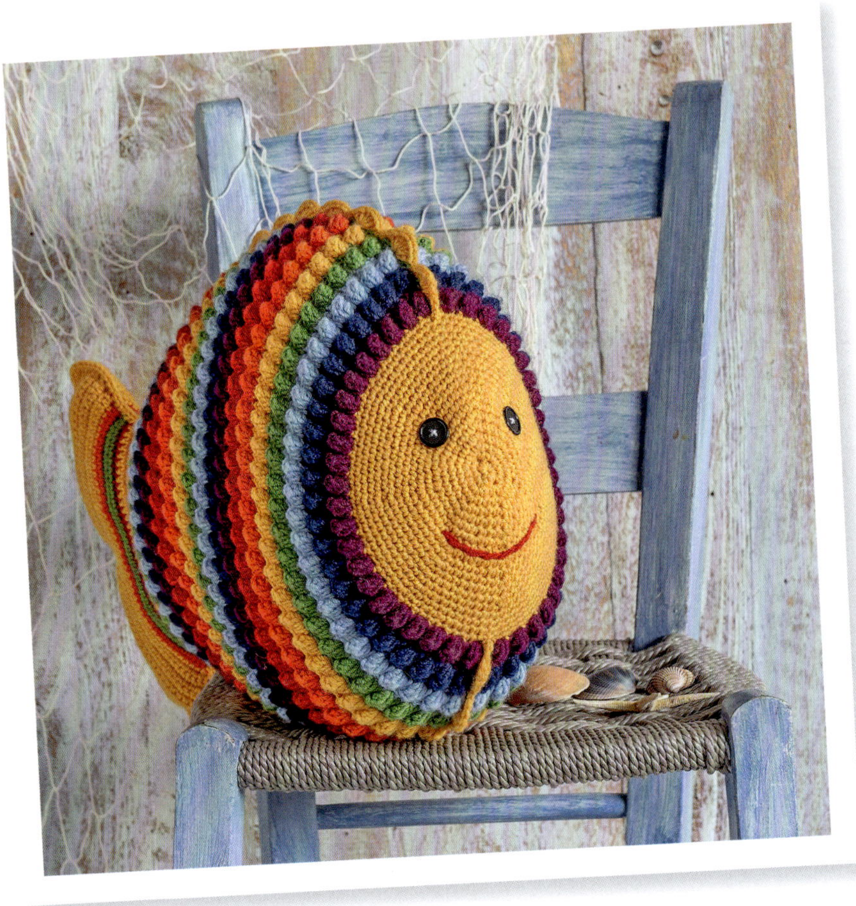

Zählmuster

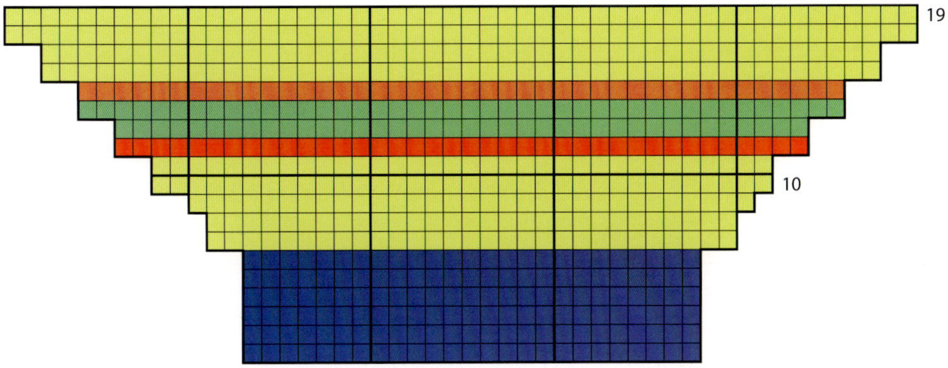

Zeichenerklärung

- = 1 Masche in Gelb
- = 1 Masche in Orange
- = 1 Masche in Apfel
- = 1 Masche in Rot
- = 1 Masche in Marine

Häkelschrift

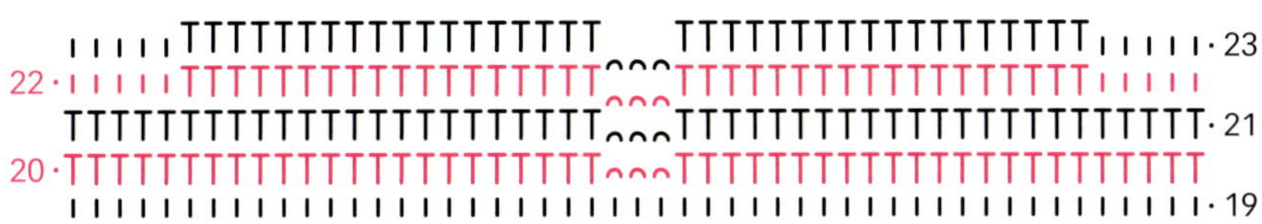

Zeichenerklärung

· = Luftmasche

⌢ = Kettmasche

ı = feste Masche

T = halbes Stäbchen

Laufen die Zeichen unten zusammen, die Maschen in 1 Einstichstelle arbeiten.

Eibo Eisbär

GRÖẞE: ca. 40 x 40 cm

MATERIAL

- Woolly Hugs CHARITY (75 % Wolle, 15 % Polyamid, 10 % Polylactid, Lauflänge = 100 m/50 g) von L & K (VeronikaHug.com): 800 g Weiß (Farbe 01), sowie 50 g oder ein Rest Schwarz (Farbe 99)
- je 1 Häkelnadel Nr. 3,5 und 4,5
- 1 Innenkissen, 40 x 40 cm
- etwas Füllwatte

MUSTER

Grundmuster: Feste Maschen in Reihen, dabei beginnt jede Reihe mit 1 zusätzlichen Wende-Luftmasche. **Feste Maschen in Runden**, dabei beginnt jede Runde mit 1 zusätzlichen Steige-Luftmasche und endet mit 1 Kettmasche in die 1. feste Masche der Runde.
Strukturmuster: Siehe Kissen „Schorsch Schwein" von Seite 30.

MASCHENPROBE im Strukturmuster

21 Maschen und 17,5 Reihen = 10 x 10 cm

SO WIRD'S GEMACHT

Hinweis: Wenn nicht anders erwähnt, wird einfädig mit Nadel Nr. 3,5 gearbeitet.

Kissenteil (2x): 85 Luftmaschen + 1 Wende-Luftmasche anschlagen und im Strukturmuster arbeiten. Nach 40 cm (= 70 Reihen) ab Anschlag enden.

Kopf: Mit doppeltem Faden einen Fadenring legen und doppelfädig mit Nadel Nr. 4,5 im Grundmuster in Runden weiterarbeiten.
1. Runde: 8 feste Maschen (M) in den Ring arbeiten. **2. Runde:** Jede M verdoppeln = 16 M. **3. Runde:** Jede 2. M verdoppeln = 24 M. **4. Runde:** Jede 3. M verdoppeln = 32 M. **5. Runde:** Jede 4. M verdoppeln = 40 M. **6. Runde:** Ohne Zunahmen arbeiten. **7. Runde:** Jede 5. M verdoppeln = 48 M. **8.–11. Runde:** Ohne Zunahmen arbeiten. **12. Runde:** * 11 feste Maschen, ** 2 feste M in 1 Einstichstelle, 1 feste Masche, ab ** noch 3x wiederholen, ab * 1x wiederholen, 10 feste M = 56 M. **13.–15. Runde:** Ohne Zunahmen arbeiten.
16. Runde: Jede 6.+7. M zusammen abmaschen = 48 M. **17. Runde:** Ohne Abnahmen arbeiten. **18. Runde:** Jede 7.+8. M zusammen abmaschen = 42 M. **19. Runde:** Jede 6.+7. M zusammen abmaschen = 36 M.
20. Runde: Ohne Abnahmen arbeiten. **21. Runde:** Jede 5.+6. M zusammen abmaschen = 30 M. **22. Runde:** Jede 4.+5. M zusammen abmaschen = 24 M. Nun den Kopf mit Füllwatte ausstopfen.
23. Runde: Jede 3.+4. M zusammen abmaschen = 18 M. **24. Runde:** Jede 2.+3. M zusammen abmaschen = 12 M. Den Kopf weiter ausstopfen und danach die restlichen M mit dem Arbeitsfaden zusammenziehen und Faden vernähen.

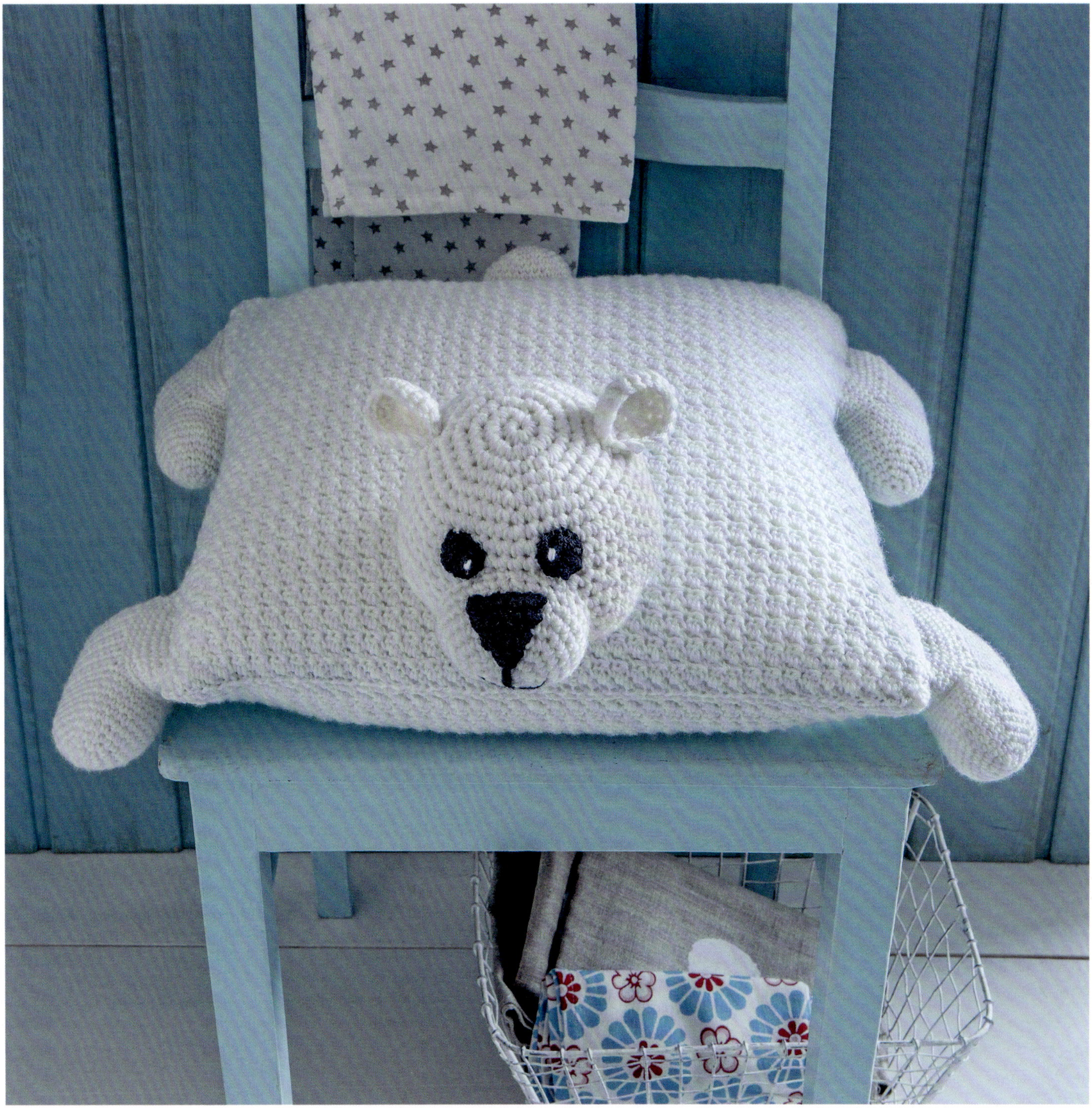

Schnauze: Mit doppeltem Faden einen Fadenring legen und doppelfädig mit Nadel Nr. 4,5 im Grundmuster in Runden weiterarbeiten. **1. Runde:** 6 feste M in den Ring arbeiten. **2. Runde:** Jede M verdoppeln = 12 M. **3. Runde:** Jede 2. M verdoppeln = 18 M. **4. Runde:** Jede 3. M verdoppeln = 24 M. **5. Runde:** Jede 4. M verdoppeln = 30 M. **6. Runde:** Jede 5. M verdoppeln = 36 M. **7. Runde:** Ohne Zunahmen arbeiten. **8. Runde:** Jede 8.+9. M zusammen abmaschen = 32 M und dann die Arbeit beenden.

Ohr (2x): Mit doppeltem Faden einen Fadenring legen und doppelfädig mit Nadel Nr. 4,5 im Grundmuster in Reihen weiterarbeiten. Für die **1. Reihe** 6 feste M in den Ring arbeiten. **2. Reihe:** Jede M verdoppeln = 12 M. **3. Reihe:** Jede 2. M verdoppeln = 18 M. 4. Reihe: Ohne Zunahmen arbeiten und die Arbeit beenden.

Nase: 7 Luftmaschen + 1 Wende-Luftmasche in Schwarz anschlagen und im Grundmuster in Reihen arbeiten. Ab der 2. Reihe ab Anschlag in jeder folgenden Reihe die 1. M der Vorreihe übergehen, bis nur noch 1 feste M gearbeitet wird. Dann die Arbeit beenden.

Auge (2x): Einen Fadenring in Schwarz legen, 2 Anfangs-Luftmaschen und 11 halbe Stäbchen in den Ring arbeiten. Die Runde mit 1 Kettmasche schließen.

Schwanz: Einen Fadenring legen und im Grundmuster in Runden weiterarbeiten. **1. Runde:** 6 feste M in den Ring arbeiten. **2. Runde:** Jede M verdoppeln = 12 M. **3. Runde:** Jede 2. M verdoppeln = 18 M. **4. Runde:** Jede 3. M verdoppeln = 24 M. **5. Runde:** Jede 4. M verdoppeln = 30 M. Über diese M noch 10 Runden arbeiten, dann die Arbeit beenden.

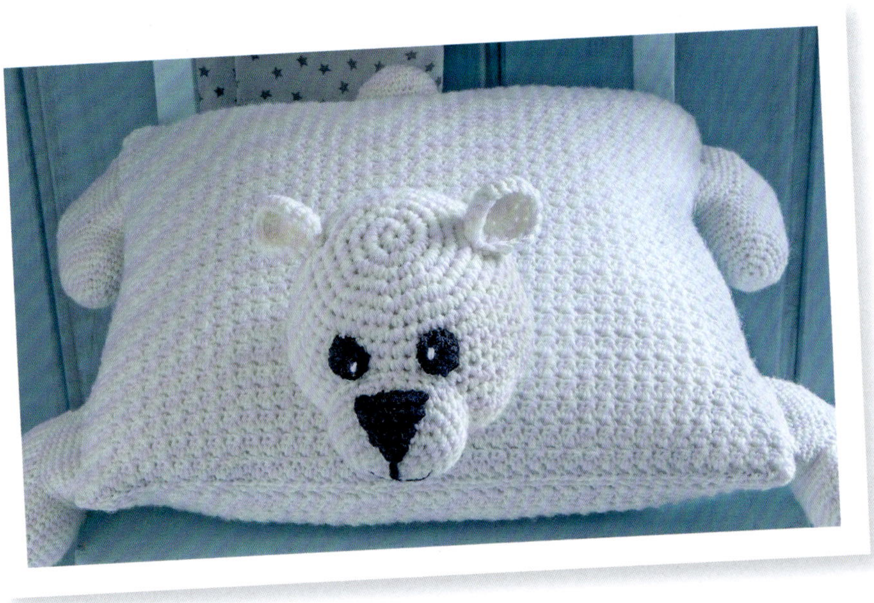

Bein (4x): Wie die 1.–5. Runde des Schwanzes, dann wie folgt weiterarbeiten: **6. Runde:** Jede 5. M verdoppeln = 36 M. Über diese M noch 5 Runden häkeln. Anschließend über den ersten 28 M der Runde in hin- und hergehenden Reihen weiterarbeiten. Nach 14 Reihen wieder in Runden weiterarbeiten. Dafür die linken Randmaschen des geraden Teils mit 14 festen M behäkeln, 8 feste M in die unbehäkelten M der letzten Runde, dabei nur in das hintere Maschenglied einstechen, 14 feste M in die rechten Randmaschen des geraden Teils arbeiten und die Runde schließen = 36 M. Über diese M noch 8 Runden arbeiten, dann die Arbeit beenden.

Fertigstellung: Beine und Schwanz mit Füllwatte füllen und die Öffnungen schließen. Alle Teile laut Foto an die Kante der oberen Kissenplatte nähen. Kissenteile an drei Seiten (ohne die Kopfseite) zusammennähen. Die Schnauze offen an den Kopf nähen, dabei vor dem Schließen der Naht die Schnauze mit Füllwatte ausstopfen. Augen aufnähen und Lichtreflexe mit Spannstichen in Weiß aufsticken. Nase aufnähen und Mundlinien mit Spannstichen in Schwarz aufsticken. Die Ohren entlang der Seitenkanten zusammennähen und entlang dieser Naht an den Kopf nähen. Kissenfüllung einziehen und die letzte Kissennaht schließen.

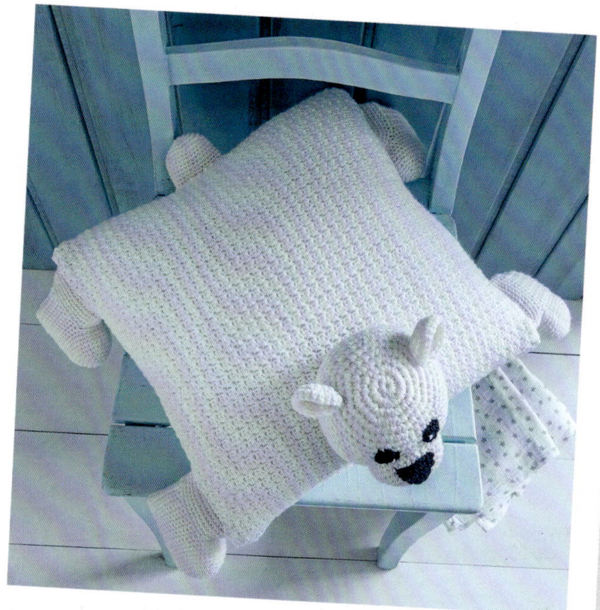

Fredi Frosch

GRÖßE: ca. 30 x 30 cm

MATERIAL

- Woolly Hugs CHARITY (75 % Wolle, 15 % Polyamid, 10 % Polylactid, Lauflänge = 100 m/50 g) von L&K (VeronikaHug.com): 250 g Apfel (Farbe 75), je 50 g Rot (Farbe 30) und Weiß (Farbe 01), sowie 50 g oder ein Rest Schwarz (Farbe 99)
- 1 Häkelnadel Nr. 3,5
- 1 Innenkissen, 30 x 30 cm
- etwas Füllwatte

MUSTER

Grundmuster: Feste Maschen in Reihen, dabei beginnt jede Reihe mit 1 zusätzlichen Wende-Luftmasche. **Feste Maschen in Runden**, dabei beginnt jede Runde mit 1 zusätzlichen Steige-Luftmasche und endet mit 1 Kettmasche in die 1. feste Masche der Runde.
Strukturmuster: Siehe Kissen „Schorsch Schwein“ von Seite 30.

MASCHENPROBE im Strukturmuster

21 Maschen und 17,5 Reihen = 10 x 10 cm

SO WIRD'S GEMACHT

Kissenteil (2x): 63 Luftmaschen + 1 Wende-Luftmasche in Apfel anschlagen, im Strukturmuster in der Farbfolge * je 4 Reihen Apfel, Rot, Weiß, ab * noch 1x wiederholen, 4 Reihen Apfel, 4 Reihen Rot, 20 Reihen Apfel arbeiten. Nach 30 cm (= 52 Reihen) ab Anschlag enden.

Bein (4x): 12 Luftmaschen + 1 zusätzliche Wende-Luftmasche in Apfel anschlagen und im Grundmuster in Reihen weiterarbeiten. Nach 10 cm (= 20 Reihen) ab Anschlag nach dem Zählmuster weiterarbeiten. In der 21. Reihe ab Zählmusterbeginn in der Mitte der Arbeit 1 feste Masche (M) zunehmen = 23 M. Ab der 22. Reihe zunächst den 1. Zeh laut Zählmuster arbeiten. Anschließend über den folgenden 7 M der 21. Reihe den 2. und danach den 3. Zeh arbeiten, dafür den Faden jeweils neu anschlingen.

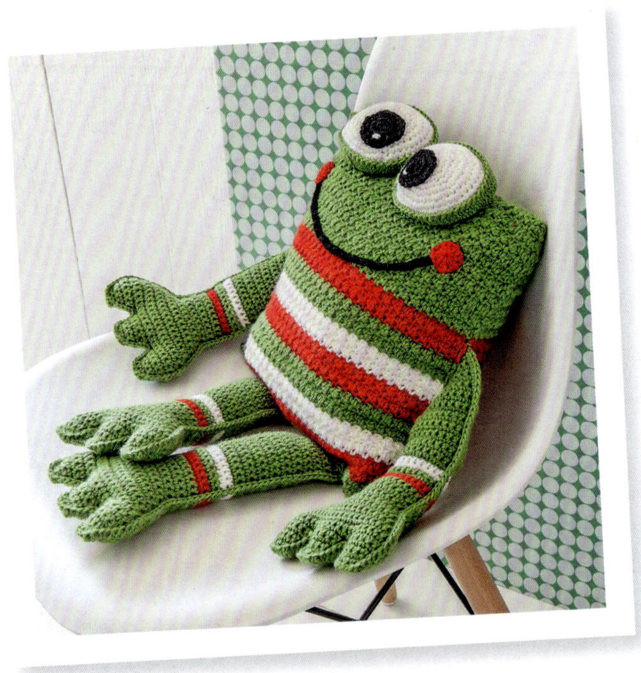

Erstes Armteil (2x): 2 Luftmaschen + 1 zusätzliche Wende-Luftmasche in Apfel anschlagen und im Grundmuster in Reihen arbeiten. Gleichzeitig zur Formgebung 10x in jeder folgenden Reihe am **rechten** Arbeitsrand je 1 M mustergemäß zunehmen = 12 M. Anschließend wie das Bein weiterarbeiten.

Zweites Armteil (2x): 2 Luftmaschen + 1 zusätzliche Wende-Luftmasche in Apfel anschlagen und im Grundmuster in Reihen arbeiten. Gleichzeitig zur Formgebung 10x in jeder folgenden Reihe am **linken** Arbeitsrand je 1 M mustergemäß zunehmen = 12 M. Anschließend wie das Bein weiterarbeiten.

Auge (2x): Die Augen bestehen aus zwei Teilen. Für das **untere Teil** in Apfel einen Fadenring legen und im Grundmuster in Runden weiterarbeiten. **1. Runde:** 10 feste M in den Ring arbeiten. **2. Runde:** Jede 2. M verdoppeln = 15 M. **3. Runde:** Jede 2. M verdoppeln = 22 M. **4. Runde:** Jede 2. M verdoppeln = 33 M. **5. Runde:** Jede 3. M verdoppeln = 44 M. **6. Runde:** Ohne Zunahmen arbeiten. **7. Runde:** Jede 11. M verdoppeln = 48 M. **8. Runde:** Ohne Zunahmen arbeiten und enden. Für das **obere Teil** in Weiß einen Fadenring legen und im Grundmuster in Runden weiterarbeiten. **1. Runde:** 6 feste M in den Ring arbeiten. **2. Runde:** Jede M verdoppeln = 12 M. **3. Runde:** Jede 2. M verdoppeln = 18 M. **4. Runde:** Jede 3. M verdoppeln = 24 M. **5. Runde:** Jede 4. M verdoppeln = 30 M. **6. Runde:** 12x abwechselnd jede 2. und 3. M verdoppeln = 42 M. **7. Runde:** Jede 7. M verdoppeln = 48 M. **8. Runde:** Ohne Zunahmen arbeiten und enden.

Pupille (2x): In Schwarz einen Fadenring legen und im Grundmuster in Runden weiterarbeiten. **1. Runde:** 6 feste M in den Ring arbeiten. **2. Runde:** Jede M verdoppeln = 12 M. **3. Runde:** Jede 2. M verdoppeln = 18 M.

Backe (2x): In Rot einen Fadenring legen, 2 Anfangs-Luftmaschen und 11 halbe Stäbchen in den Ring arbeiten. Die Runde mit 1 Kettmasche schließen.

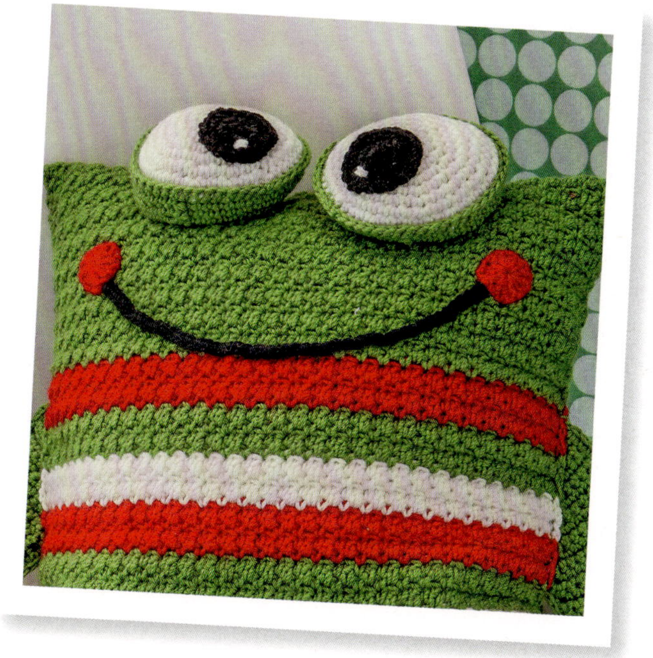

Fertigstellung: Jeweils 2 Beinteile links auf links aufeinanderlegen und mit festen M in Apfel ringsum zusammenhäkeln, dabei das Bein Stück für Stück mit Füllwatte füllen. Jeweils 1 erstes und zweites Armteil links auf links aufeinanderlegen und wie die Beine zusammenhäkeln und ausstopfen. Arme und Beine laut Foto an die seitlichen und unteren Kanten des vorderen Kissenteils nähen. Die Kissenteile im Matratzenstich zusammennähen, dabei eine Öffnung für den Kisseneinzug lassen. Füllkissen einziehen und das restliche Stück schließen. Die Kanten der Augenteile mit festen M in Apfel zusammenhäkeln, dabei bildet das weiße Teil die Arbeitsvorderseite. Vor dem Schließen der Runde die Augen mit Füllwatte ausstopfen. Augen laut Foto auf das obere Kissenende nähen, dabei entlang der 7. Runde des grünen Augenteils durchnähen. Pupillen leicht schielend aufnähen und mit Spannstichen in Weiß einen Lichtreflex aufsticken. Für den Mund mit doppeltem Faden in Schwarz eine ca. 23 cm lange Luftmaschenkette häkeln und laut Foto aufnähen. Backen an die Enden der Mundlinie nähen.

Zählmuster

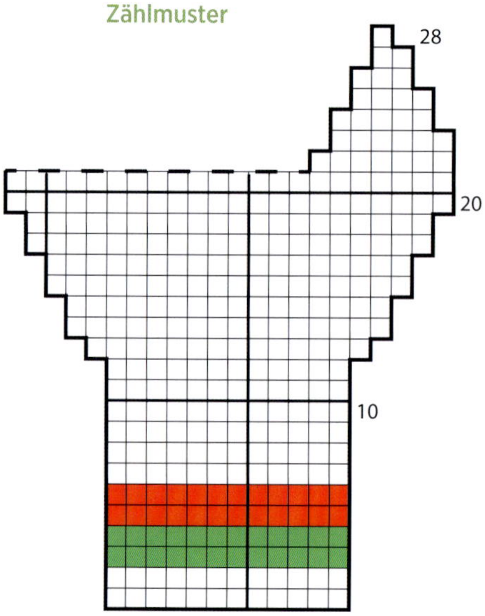

Zeichenerklärung

- ☐ = 1 Masche in Weiß
- ■ (rot) = 1 Masche in Rot
- ■ (grün) = 1 Masche in Apfel

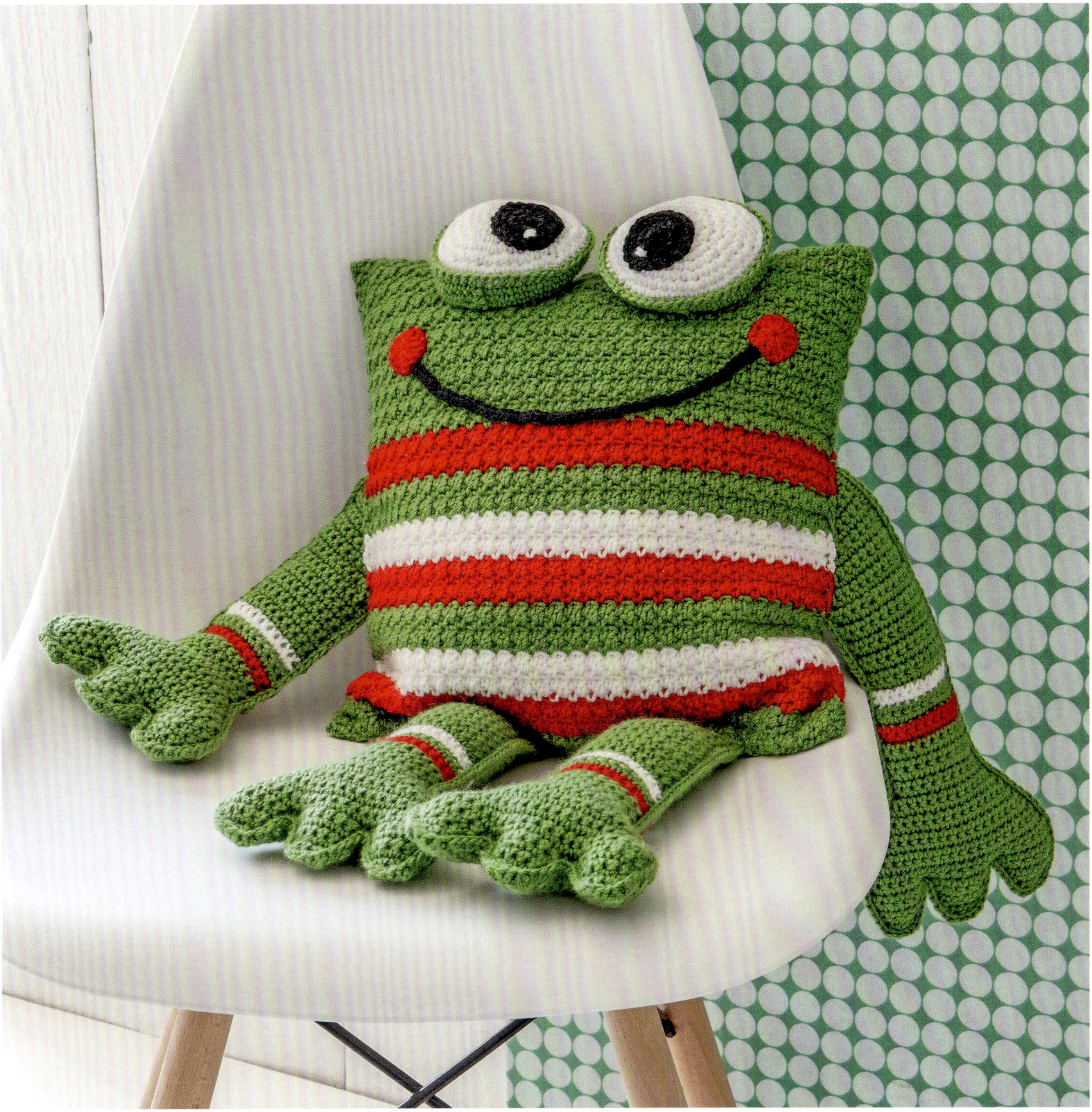

Hannah Huhn

GRÖßE: ca. 32 x 32 cm

MATERIAL

- Woolly Hugs CHARITY (75% Wolle, 15% Polyamid, 10% Polylactid, Lauflänge = 100 m/50 g) von L&K (VeronikaHug.com): 100 g Fuchsia (Farbe 47) und je 50 g Azalee (Farbe 43), Kiwi (Farbe 74), Weiß (Farbe 01), Gelb (Farbe 22) und Rot (Farbe 30)
- 1 Häkelnadel Nr. 3,5
- 2 schwarze Knöpfe, ca. 1 cm Ø
- Baumwollstoff in Weiß, ca. 80 x 45 cm
- ca. 200 g Füllwatte

MUSTER

Grundmuster: Feste Maschen in Reihen, dabei beginnt jede Reihe mit 1 zusätzlichen Wende-Luftmasche. **Feste Maschen in Runden**, dabei beginnt jede Runde mit 1 zusätzlichen Steige-Luftmasche und endet mit 1 Kettmasche in die 1. feste Masche der Runde.
Quadrat: Einen Fadenring legen und nach der Häkelschrift in Runden arbeiten. Jede Runde beginnt mit Anfangs-Luftmaschen wie gezeichnet und endet mit 1 Kettmasche in die letzte Anfangsluftmasche bzw. die 1. feste Masche der Runde. Die 1.–7. Runde 1x arbeiten, danach die 7. Runde stets wiederholen, dabei die Arbeit sinngemäß erweitern.

MASCHENPROBE **Quadrat**

14 Runden = 32 x 32 cm

SO WIRD'S GEMACHT

Körper (2x): Ein Quadrat laut Häkelschrift in der Farbfolge 1 Runde Weiß, je 2 Runden Azalee, Fuchsia, Weiß, Kiwi, Azalee, 3 Runden Fuchsia (= 14 Runden) arbeiten.

Schnabel: Einen Fadenring in Rot legen und im Grundmuster in Runden weiterarbeiten. **1. Runde:** 4 feste Maschen (M) in den Ring arbeiten. **2. Runde:** 4 feste M. **3. Runde:** Jede 2. M verdoppeln = 6 M. **4. Runde:** Jede 2. M verdoppeln = 9 M. **5. Runde:** Ohne Zunahmen arbeiten. **6. Runde:** Jede 3. M verdoppeln = 12 M. **7. Runde:** Ohne Zunahmen arbeiten. **8. Runde:** Jede 4. M verdoppeln = 15 M. Über diese 15 M noch 7 Runden arbeiten und enden.

Kamm (3x): Einen Fadenring in Gelb legen und im Grundmuster in Runden weiterarbeiten. **1. Runde:** 5 feste M in den Ring arbeiten. **2. Runde:** 5 feste M. **3. Runde:** Die 1., 3. und 5. M verdoppeln = 8 M. **4. Runde:** Ohne Zunahmen arbeiten. **5. Runde:** Jede 2. M verdoppeln = 12 M. **6. Runde:** Ohne Zunahmen arbeiten. **7. Runde:** Jede 4. M verdoppeln = 15 M. Über diese 15 M noch 6 Runden arbeiten und enden.

Fuß (4x): 7 Luftmaschen + 1 zusätzliche Wende-Luftmasche in Rot anschlagen und nach dem Zählmuster im Grundmuster arbeiten. Nach 12 Reihen ab Anschlag zunächst über den ersten 7 M laut Zählmuster weiterarbeiten und enden. Anschließend die letzten 7 M behäkeln, dafür den Faden neu anschlingen.

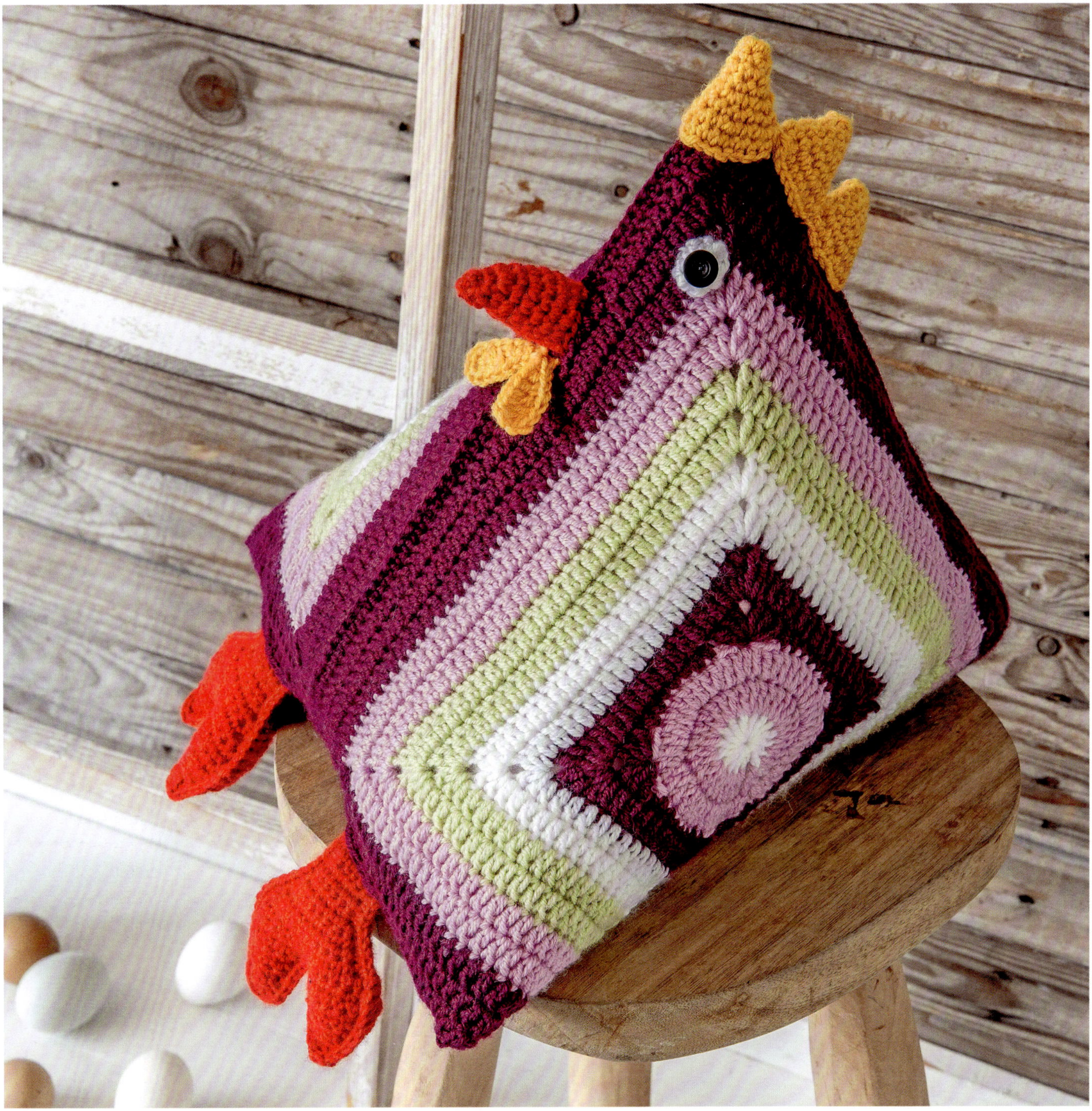

Kehllappen: 13 Luftmaschen in Gelb anschlagen und 1 Reihe wie folgt arbeiten: 3 Luftmaschen als Ersatz für das 1. Stäbchen, 3 Stäbchen, 1 halbes Stäbchen, 1 feste Masche, 1 Kettmasche, 1 feste Masche, 1 halbes Stäbchen, 3 Stäbchen, 3 Luftmaschen, mit 1 Kettmasche an der 1. Luftmasche des Maschenanschlags anschlingen und enden.

Auge (2x): Einen Fadenring in Weiß legen und 1 Runde wie folgt arbeiten: 2 Luftmaschen, 9 halbe Stäbchen in den Ring, 1 Kettmasche in die 2. Anfangs-Luftmasche.

Fertigstellung: Zunächst für das Innenkissen 2 Quadrate à 35 x 35 cm zuschneiden, rechts auf rechts aufeinanderlegen und an 3 Seiten mit 1,5 cm Nahtzugabe zusammennähen. Für die Dreiecksform nun Anfangs und Endpunkt der Naht rechts auf rechts aufeinanderlegen und die noch offenen Stoffkanten passend aufeinanderlegen. Diese Kanten von beiden Seiten aus je ca. 10 cm schließen, so dass eine Öffnung zum Füllen bestehen bleibt. Kissenhülle wenden, füllen (etwas Füllwatte für Füße, Schnabel und Kamm zurückbehalten) und das restliche Stück schließen. Jeweils 2 Fußteile aufeinanderlegen und mit 1 Runde feste M in Rot zusammenhäkeln, dabei vor dem Schließen die Beine mit Füllwatte leicht ausstopfen. Die Quadrate links auf links liegend an drei Seiten mit festen M in Fuchsia zusammenhäkeln. Die 4. Seite wie beim Innenkissen beschrieben zusammennähen, dabei vor dem Schließen das Innenkissen einziehen und die Füße mitfassen (Abstand zur Mittelnaht je ca. 4 cm). Die 3 Teile des Kamms leicht ausstopfen und laut Foto auf die obere Ecke und daran anschließend auf die Naht nähen. Dabei sollen die Kanten der Kammteile die Häkelnaht der Quadrate umschließen. Den Schnabel ebenso füllen und laut Foto aufnähen. Den Kehllappen unter den Schnabel nähen und die Augen aufnähen. Knöpfe auf die Augen nähen.

Zählmuster

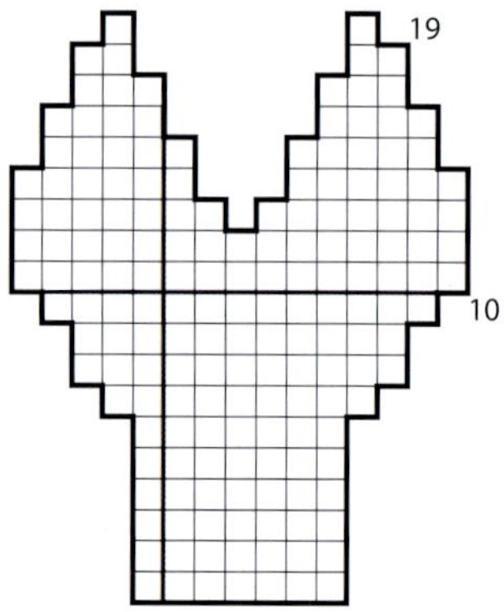

Zeichenerklärung

☐ = 1 Masche

Häkelschrift

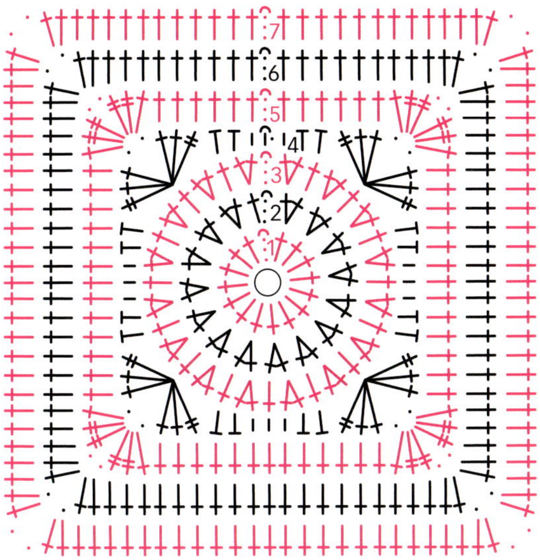

Zeichenerklärung

· = Luftmasche
⌢ = Kettmasche
ı = feste Masche
T = halbes Stäbchen
† = Stäbchen
ǂ = Doppelstäbchen

Laufen die Zeichen unten zusammen, die Maschen in 1 Einstichstelle arbeiten.

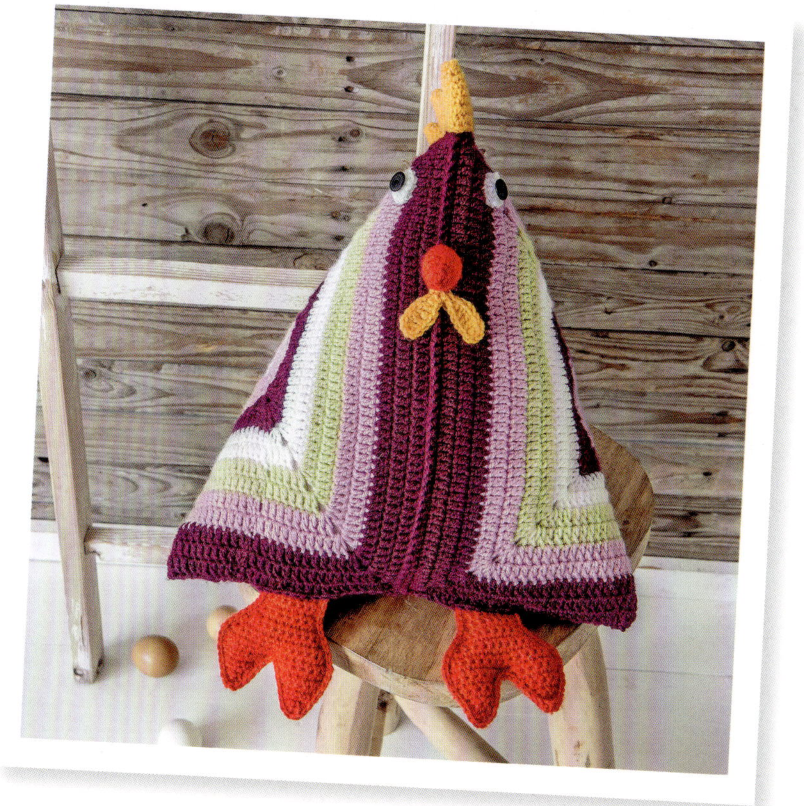

Sonja Schlange

GRÖßE: ca. 14 cm Ø, 72 cm lang

MATERIAL

- Woolly Hugs CHARITY (75 % Wolle, 15 % Polyamid, 10 % Polylactid, Lauflänge = 100 m/50 g) von L & K (VeronikaHug.com): 100 g Kiwi (Farbe 74), je 50 g Hellblau (Farbe 56) und Tanne (Farbe 78), sowie ein Rest Weiß (Farbe 01), Mais (Farbe 27) und Schwarz (Farbe 99)
- 1 Häkelnadel Nr. 3,5
- ca. 250 g Füllwatte

MUSTER

Grundmuster: Feste Maschen in Runden, dabei beginnt jede Runde mit 1 zusätzlichen Steige-Luftmasche und endet mit 1 Kettmasche in die 1. feste Masche der Runde.

Zackenmusterrunde: * 1 feste Masche, 1 tiefer gestochene feste Masche, dabei 2 Reihen tiefer in die entsprechende Masche einstechen, 1 tiefer gestochene feste Masche, dabei 3 Reihen tiefer in die entsprechende Masche einstechen, ab * stets wiederholen.

MASCHENPROBE im Grundmuster

19 Maschen und 20,5 Runden = 10 x 10 cm

SO WIRD'S GEMACHT

Körper: Hinweis: Den Körper während des Häkelns nach und nach mit Füllwatte ausstopfen. In Kiwi einen Fadenring legen und im Grundmuster in Runden weiterarbeiten. **1. Runde:** 8 feste Maschen (M) in den Ring arbeiten. **2. Runde:** Jede M verdoppeln = 16 M. **3.+4. Runde:** Ohne Zunahmen arbeiten. **5. Runde:** 2 M verteilt zunehmen = 18 M. Anschließend noch 15x in jeder 2. Runde jeweils verteilt 2 M zunehmen = 48 M. In der folgenden 2. Runde verteilt 3 M zunehmen = 51 M. Nach 20 cm (= 38 Runden) ab Anschlag in der Musterfolge * 1 Zackenmusterrunde in Tanne, 1 Runde Grundmuster in Tanne, 15 Runden Grundmuster in Hellblau, 1 Zackenmusterrunde in Tanne, 15 Runden Grundmuster in Kiwi, ab * stets wiederholen, weiterarbeiten. Nach ca. 43 cm (= 81 Runden) Musterfolge zunächst noch 3 Runden in Kiwi, dann wie folgt in Kiwi weiterarbeiten:
1. Runde: 2 M verteilt abnehmen = 49 M. **2. Runde:** Ohne Abnahmen arbeiten. **3. Runde:** 4 M verteilt abnehmen = 45 M. **4.+5. Runde:** Ohne Abnahmen arbeiten. **6. Runde:** 3x jede 15. M verdoppeln = 48 M. **7. Runde:** 8x jede 6. M verdoppeln = 56 M. **8. Runde:** 4x jede 14. M verdoppeln = 60 M. **9.–13. Runde:** Ohne Zunahmen arbeiten.
14. Runde: 10x jede 5.+6. M zusammen abmaschen = 50 M.
15. Runde: Ohne Abnahmen arbeiten. **16. Runde:** 5x jede 9.+10. M zusammen abmaschen = 45 M. **17. Runde:** 5x jede 8.+9. M zusammen abmaschen = 40 M. **18. Runde:** Ohne Abnahmen arbeiten.
19. Runde: 6x jede 5.+6. M zusammen abmaschen = 34 M. **20. Runde:** Ohne Abnahmen arbeiten. Nun für den Ober- und Unterkiefer die Arbeit wie folgt in zwei Hälften teilen: 8 feste Maschen, mit 7 Luftmaschen die folgenden 17 M der Vorrunde übergehen, 9 feste M. Über diesen 24 M in Spiralrunden über 6 Runden weiterarbeiten (den Rundenübergang markieren). Anschließend 2x in jeder 2. Runde jeweils 4 M verteilt abnehmen = 16 M. In der folgenden Runde stets 2 M zusammen abmaschen und enden. Restliche M mit dem Arbeitsfaden zusammenziehen und vernähen. Den 2. Kiefer ebenso arbeiten.

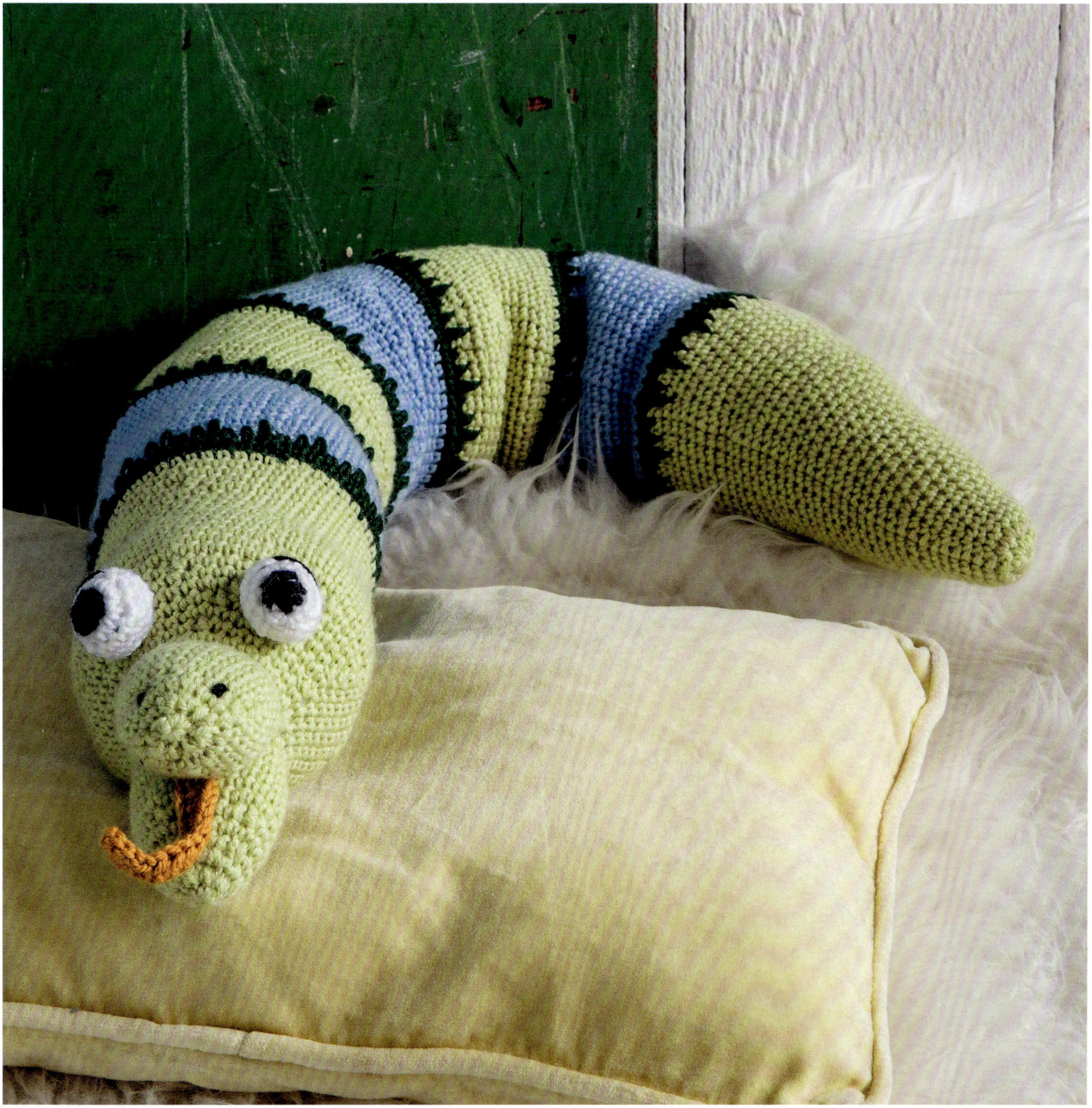

Auge (2x): Einen Fadenring in Weiß legen und im Grundmuster in Runden weiterarbeiten. **1. Runde:** 6 feste M in den Ring arbeiten. **2. Runde:** Jede M verdoppeln = 12 M. **3. Runde:** Jede 4. M verdoppeln = 15 M. **4.+5. Runde:** Ohne Zunahmen arbeiten. **6. Runde:** Stets 2 M zusammen abmaschen und enden.

Zunge: 18 Luftmaschen in Mais anschlagen. Die Arbeit mit 1 Wende-Luftmasche wenden und 3 feste M arbeiten. Für die geteilte Zungenspitze 3 Luftmaschen + 1 Wende-Luftmasche arbeiten, 3 feste M für die Zungenspitze und 15 halbe Stäbchen auf den Anschlag arbeiten.

Fertigstellung: Die Kiefer mit Füllwatte ausstopfen (einen Rest für die Augen zurücklegen). Die Kieferteile entlang der zusätzlich angeschlagenen Luftmaschen zusammennähen, dabei die Zunge zwischenfassen. Augen ausstopfen und auf den Kopf nähen. Pupillen, Lidfalte und Nasenlöcher laut Foto mit Spannstichen in Schwarz aufsticken.

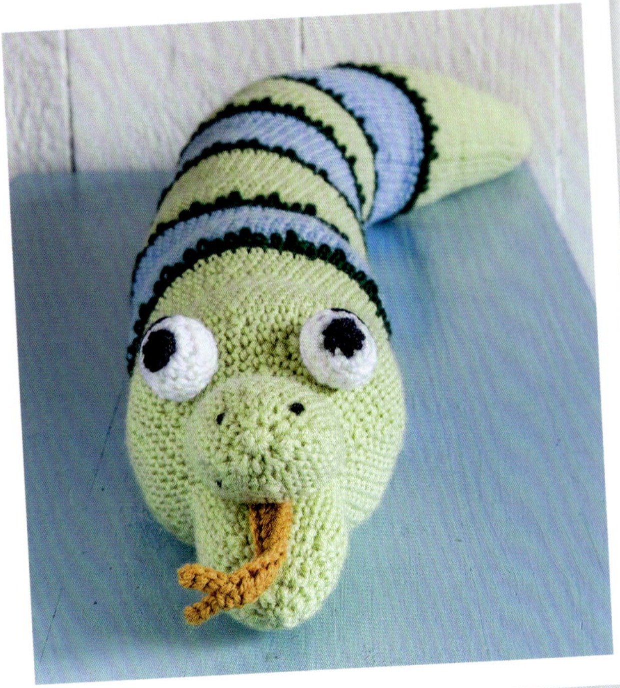

Simon Schaf

GRÖßE: ca. 30 x 30 cm

MATERIAL

- Woolly Hugs CHARITY (75 % Wolle, 15 % Polyamid, 10 % Polylactid, Lauflänge = 100 m/50 g) von L & K (VeronikaHug.com): 250 g Hellblau (Farbe 56), 100 g Weiß (Farbe 01), sowie 50 g oder ein Rest Schwarz (Farbe 99)
- 1 Häkelnadel Nr. 3,5
- 1 Innenkissen, 30 x 30 cm
- Füllwatte

MUSTER

Grundmuster: Feste Maschen in Reihen, dabei beginnt jede Reihe mit 1 zusätzlichen Wende-Luftmasche. **Feste Maschen in Spiralrunden**, dabei beginnt die 1. Runde mit 1 zusätzlichen Steige-Luftmasche. Für jede folgende Runde über den Rundenanfang hinweg in Spiralrunden arbeiten. Den Rundenanfang markieren und diese Markierung Runde für Runde mitführen.
Noppenmuster: Mit gerade Maschenzahl. **1. Reihe (= Hinreihe):** Feste Maschen; **2. Reihe (= Rückreihe):** * 1 feste Masche, 3 Luftmaschen und 1 Kettmasche zurück in die 1. Luftmasche, 1 feste Masche, ab * stets wiederholen; **3. Reihe:** In jede feste Masche wieder 1 feste Masche häkeln, dabei darauf achten, dass die Noppen auf der Vorderseite liegen. Die 2. und 3. Reihe stets wiederholen.

MASCHENPROBE im Noppenmuster:
17,5 Maschen und 20 Reihen = 10 x 10 cm

SO WIRD'S GEMACHT

Kissenteil (2x): 52 Luftmaschen + 1 Wende-Luftmasche in Hellblau anschlagen und im Noppenmuster arbeiten. Nach 30 cm (= 60 Reihen) ab Anschlag enden.

Kopf: Mit Weiß einen Fadenring legen und im Grundmuster in Spiralrunden weiterarbeiten. **1. Runde:** 8 feste Maschen (M) in den Ring arbeiten. **2. Runde:** Jede M verdoppeln = 16 M. **3. Runde:** Jede 2. M verdoppeln = 24 M. **4. Runde:** Jede 3. M verdoppeln = 32 M. **5. Runde:** Jede 4. M verdoppeln = 40 M. **6. Runde:** Ohne Zunahmen arbeiten. **7. Runde:** Jede 4. M verdoppeln = 50 M.

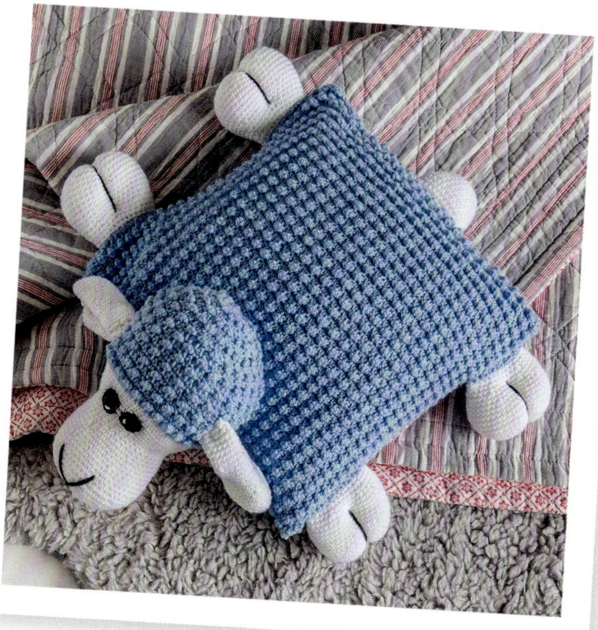

8.–11. Runde: Ohne Zunahmen arbeiten. **12. Runde:** Jede 9.+10. M zusammen abmaschen = 45 M. **13.–15. Runde:** Ohne Abnahmen arbeiten. **16. Runde:** 5x jede 3.+4. M zusammen abmaschen = 40 M. **17.–20. Runde:** Ohne Abnahmen arbeiten. **21. Runde:** Jede 8. M verdoppeln = 45 M. **22. Runde:** Ohne Zunahmen arbeiten. **23. Runde:** jede 9. M verdoppeln = 50 M. **24. Runde:** Ohne Zunahmen arbeiten. **25. Runde:** Jede 10. M verdoppeln = 55 M. **26. Runde:** Ohne Zunahmen arbeiten. **27. Runde:** Jede 11. M verdoppeln = 60 M. Anschließend in Hellblau im Noppenmuster weiterarbeiten, dabei in hin- und hergehenden Runden arbeiten (d.h. die Runde mit 1 Kettmasche schließen, dann die Arbeit wenden und die Rückrunde arbeiten). **1.+2. Runde:** 60 M. **3. Runde:** Jede 5.+6. M zusammen abmaschen = 50 M. **4.–11. Runde:** Ohne Abnahmen arbeiten. **12. Runde:** Jede 4.+5. M zusammen abmaschen = 40 M. **13.–15. Runde:** Ohne Abnahmen arbeiten. **16. Runde:** Jede 3.+4. M zusammen abmaschen = 30 M. **17. Runde:** Ohne Abnahmen arbeiten. Nun den Kopf mit Füllwatte ausstopfen. **18. Runde:** Jede 2.+3. M zusammen abmaschen = 20 M. **19.+20. Runde:** Ohne Abnahmen arbeiten. **21. Runde:** Feste Maschen, dabei stets 2 M zusammen abmaschen = 10 M. Den Kopf weiter ausstopfen und danach die restlichen M mit dem Arbeitsfaden zusammenziehen und den Faden vernähen.

Ohr (2x): Mit Weiß einen Fadenring legen und im Grundmuster in Spiralrunden weiterarbeiten. **1. Runde:** 8 feste M in den Ring arbeiten. **2. Runde:** Jede M verdoppeln = 16 M. **3. Runde:** Jede 2. M verdoppeln = 24 M. **4. Runde:** Jede 3. M verdoppeln = 32 M. **5. Runde:** Jede 8. M verdoppeln = 36 M. **6.–8. Runde:** Ohne Zunahmen arbeiten. **9. Runde:** Jede 7.+8. M zusammen abmaschen = 32 M. **10.–12. Runde:** Ohne Abnahmen arbeiten. **13. Runde:** Jede 7.+8. M zusammen abmaschen = 28 M. **14.–16. Runde:** Ohne Abnahmen arbeiten. **17. Runde:** Jede 6.+7. M zusammen abmaschen = 24 M. **18.–23. Runde:** Ohne Abnahmen arbeiten und nach der 23. Runde enden.

Bein (4x): Mit Weiß einen Fadenring legen und im Grundmuster in Spiralrunden weiterarbeiten. **1. Runde:** 8 feste M in den Ring arbeiten. **2. Runde:** Jede M verdoppeln = 16 M. **3. Runde:** Jede 2. M verdoppeln = 24 M. **4. Runde:** Jede 3. M verdoppeln = 32 M. **5. Runde:** Jede 4. M verdoppeln = 40 M. **6. Runde:** Jede 10. M verdoppeln = 44 M. **7.–12. Runde:** Ohne Zunahmen arbeiten. **13. Runde:** Jede 10.+11. M zusammen abmaschen = 40 M. **14. Runde:** Ohne Abnahmen arbeiten. **15. Runde:** Jede 7.+8. M zusammen abmaschen = 35 M. **16. Runde:** Ohne Zunahmen arbeiten. **17. Runde:** Jede 6.+7. M zusammen abmaschen = 30 M. **18.–20. Runde:** Ohne Abnahmen arbeiten. Die Beine mit Füllwatte füllen. Dann die Arbeit zur Hälfte legen und die obere Kante mit einer Reihe feste M zusammenhäkeln.

Schwanz: Mit Weiß einen Fadenring legen und im Grundmuster in Spiralrunden weiterarbeiten. **1. Runde:** 6 feste M in den Ring arbeiten. **2. Runde:** Jede M verdoppeln = 12 M. **3. Runde:** Jede 2. M verdoppeln = 18 M. **4. Runde:** Jede 3. M verdoppeln = 24 M. **5. Runde:** Jede 8. M verdoppeln = 27 M. Über diese M noch 10 Runden arbeiten. Den Schwanz mit Füllwatte füllen. Dann die Arbeit zur Hälfte legen und die obere Kante mit einer Reihe feste M zusammenhäkeln.

Auge (2x): Einen Fadenring in Schwarz legen, 1 Anfangs-Luftmasche und 8 feste M in den Ring arbeiten. Die Runde mit 1 Kettmasche schließen.

Fertigstellung: Beine und Schwanz laut Foto an die Kante der oberen Kissenplatte nähen. Kissenteile an drei Seiten (ohne die Kopfseite) zusammennähen. Die Augen auf den Kopf nähen und Lichtreflexe mit Spannstichen in Weiß aufsticken. Nasenlinien mit Spannstichen in Schwarz aufsticken. Die Ohren am oberen Ende zur Hälfte legen und so an den Kopf nähen. Kopf auf die obere Kissenplatte nähen, dabei die Naht kreisförmig an der Kopfunterseite anlegen. Kissenfüllung einziehen und die letzte Kissennaht schließen. Für die optische Teilung der Hufe mit doppeltem Faden in Schwarz einen Spannfaden laut Foto um die Beine einziehen, etwas anziehen und vernähen.

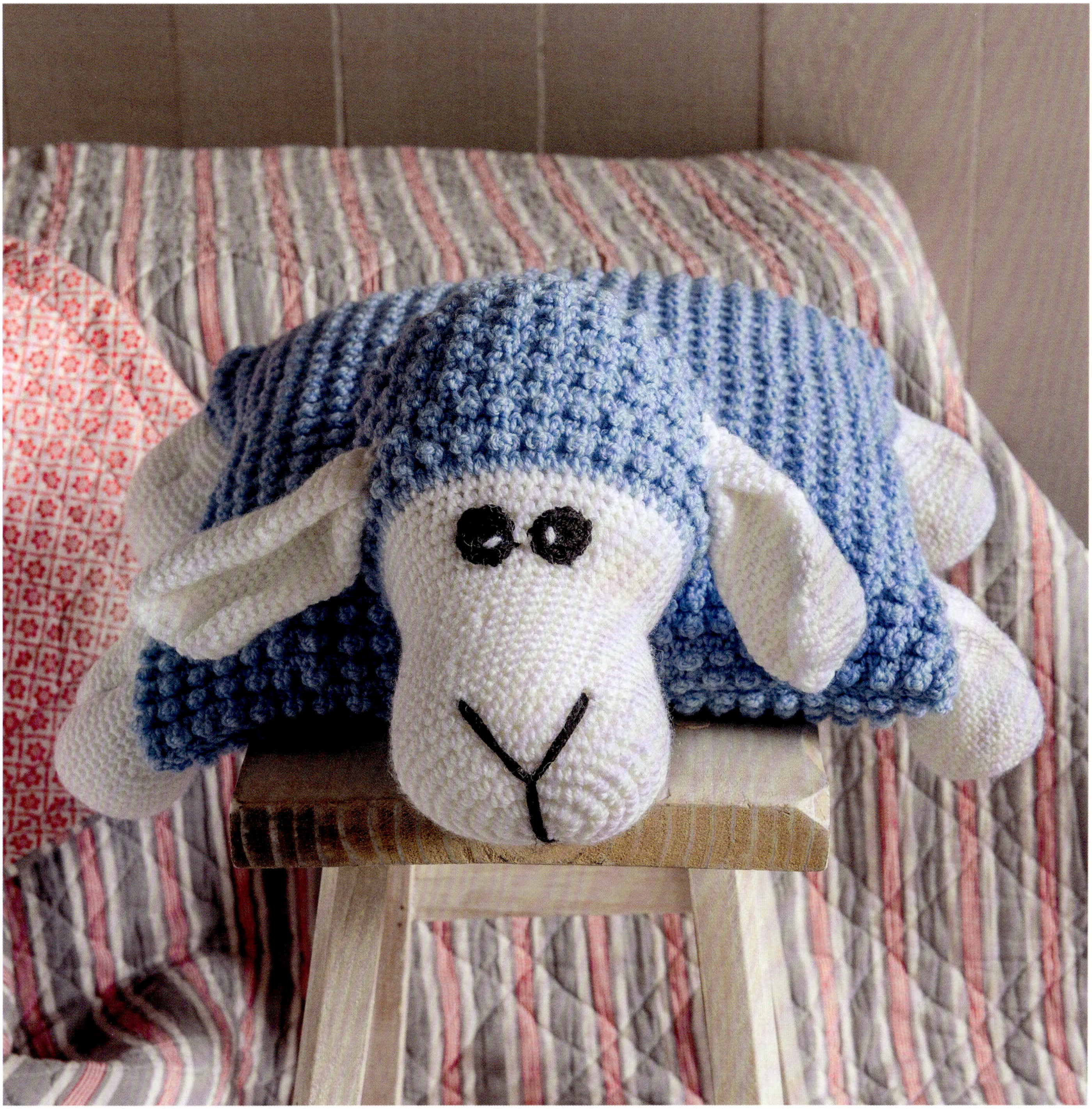

Workshop Techniken

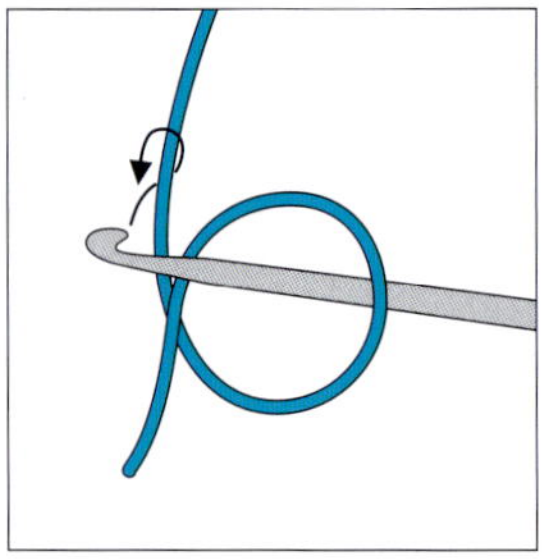

Fadenring
Den Faden zur Schlinge legen, einstechen, Faden von unten holen und durch die Schlinge ziehen. Fadenring noch nicht festziehen. Arbeitsfaden um den linken Zeigefinger legen.

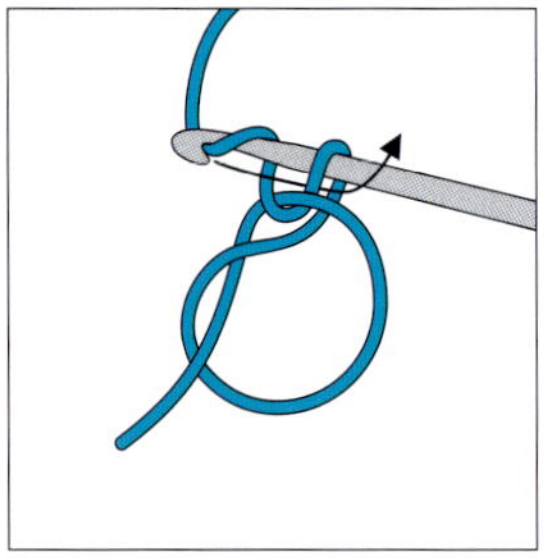

Den Kreuzpunkt der Fadenschlinge festhalten und 1 Luftmasche häkeln.

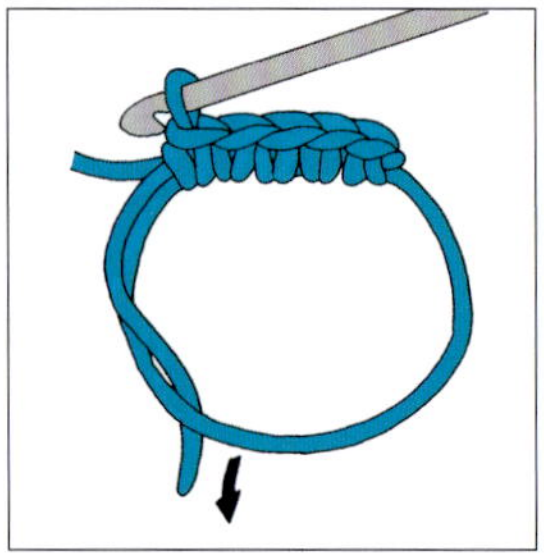

Die Maschen laut Anleitung um die Fadenschlinge herum arbeiten (hier sind es feste Maschen).

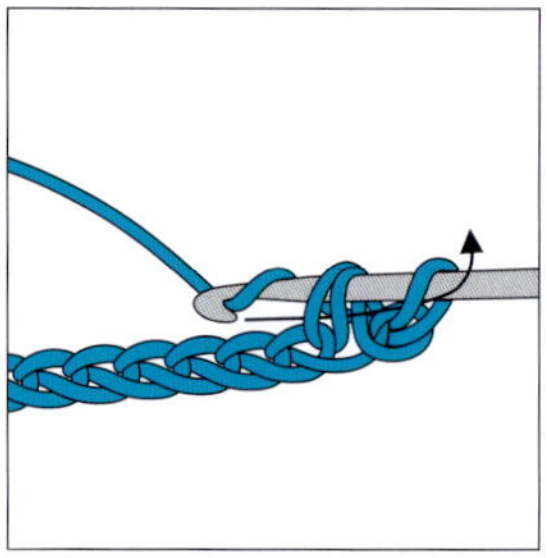

Kettmasche
Einstechen, Faden holen und durch die Masche und die auf der Nadel liegende Schlinge ziehen.

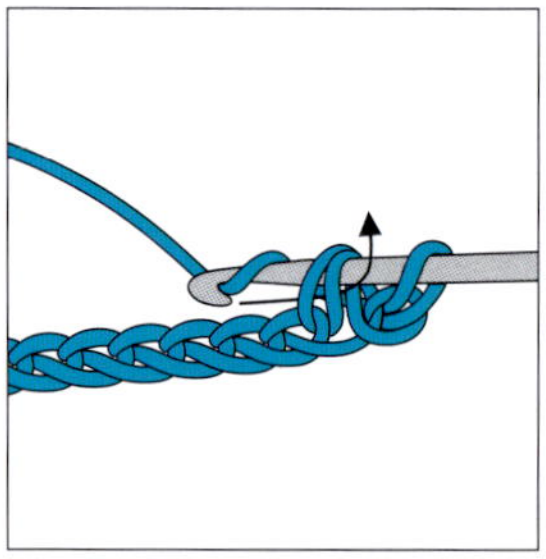

Feste Maschen in Reihen
In die folgende Masche einstechen und den Faden von hinten nach vorn um die Nadel legen. Diesen Umschlag durchziehen.

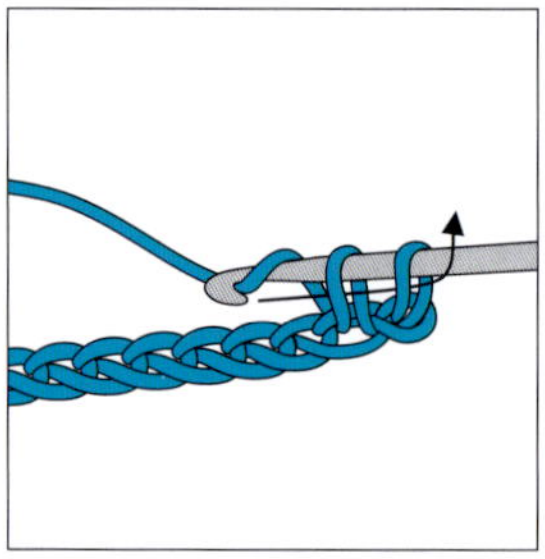

1 neuen Umschlag bilden und durch beide Schlingen ziehen (= abmaschen). Die erste feste Masche ist fertig. Schritt 1 und 2 bis zum Reihenende stets wiederholen.

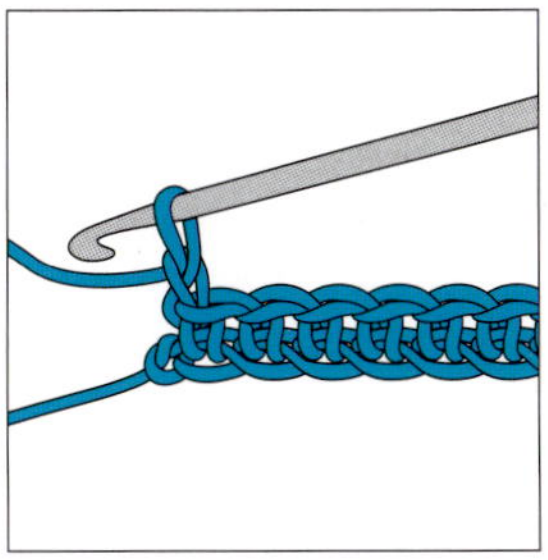

Wende/Steige-Luftmasche

Am Ende der Reihe/Runde braucht es eine oder mehrere Luftmaschen, um auf die richtige Höhe für die folgende Reihe/Runde zu kommen. (Feste Masche = 1 Luftmasche; Halbes Stäbchen = 2 Luftmaschen; Stäbchen = 3 Luftmaschen; Doppelstäbchen = 4 Luftmaschen.)

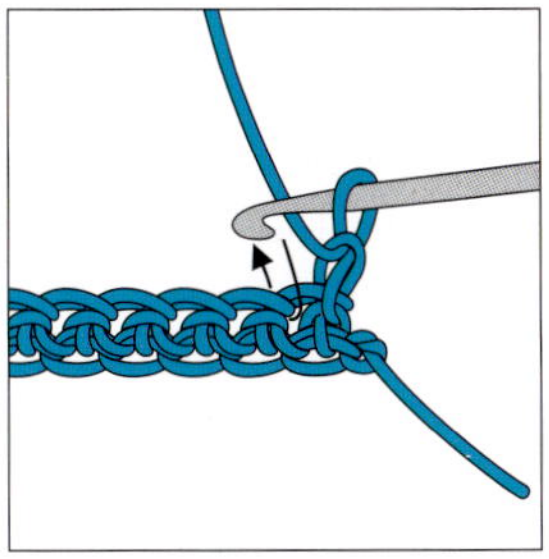

Die Arbeit wenden und in die erste Masche der Vorreihe einstechen.

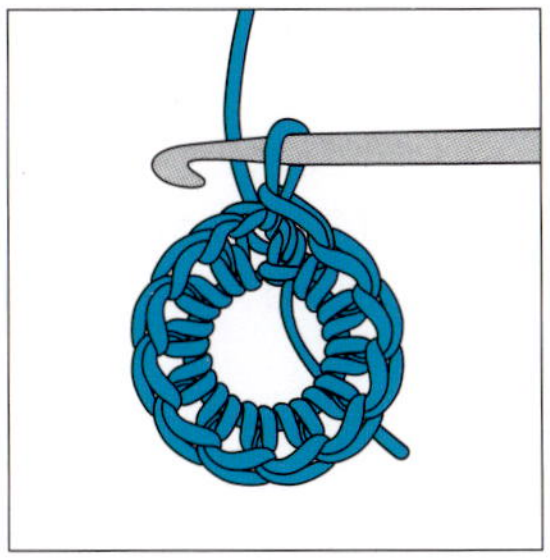

Feste Maschen in Runden

Die Runde mit einer Kettmasche in die 1. Masche schließen und den Fadenring am Anfangsfaden zuziehen. Jede Runde mit 1 zusätzlichen Steige-Luftmasche beginnen und mit 1 Kettmasche in die 1. feste Masche schließen.

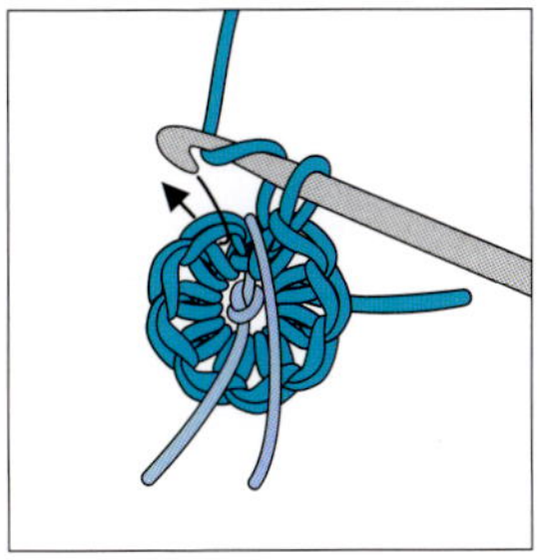

Feste Maschen in Spiralrunden

Zu Beginn die angegebene Anzahl Maschen arbeiten. Die Runde nicht mit einer Kettmasche schließen, sondern direkt in die 1. Masche der vorherigen Runde einstechen. Den Rundenübergang mit einem andersfarbigen Faden markieren.

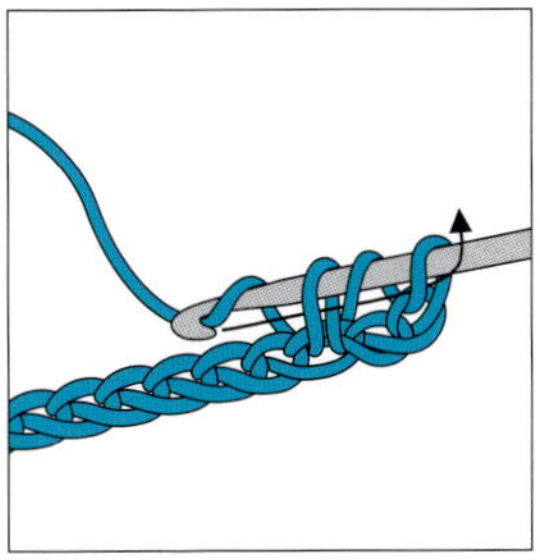

Halbes Stäbchen

Den Faden um die Nadel legen (= 1 Umschlag bilden), einstechen, Faden holen und durchziehen. Nochmals Faden holen und durch alle 3 Schlingen ziehen.

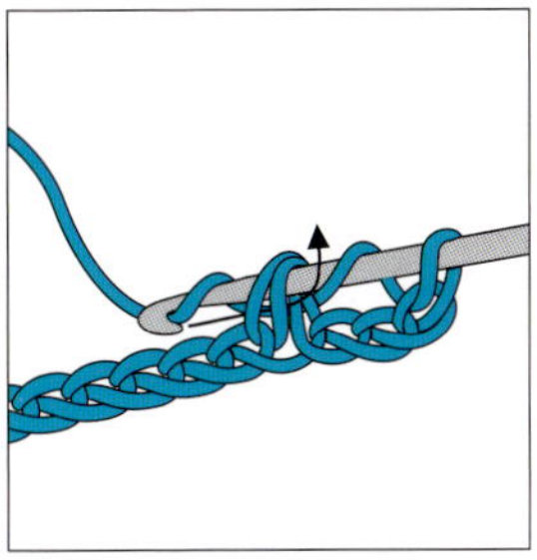

Stäbchen

1 Umschlag bilden, in die Masche einstechen, noch 1 Umschlag bilden und diesen durch die Masche ziehen.

Workshop Techniken

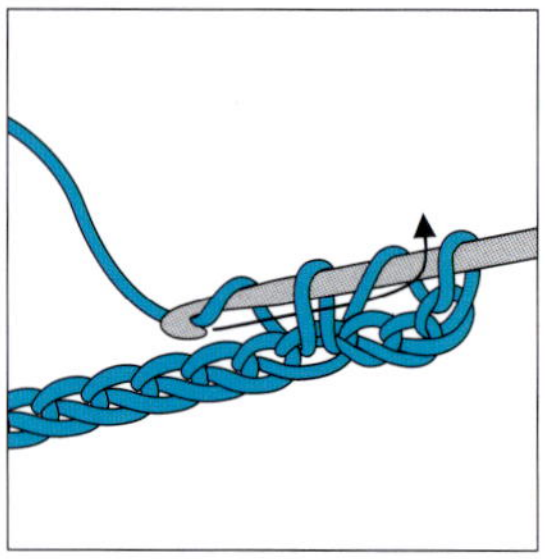

1 Umschlag bilden und durch die ersten 2 Schlingen auf der Nadel ziehen.

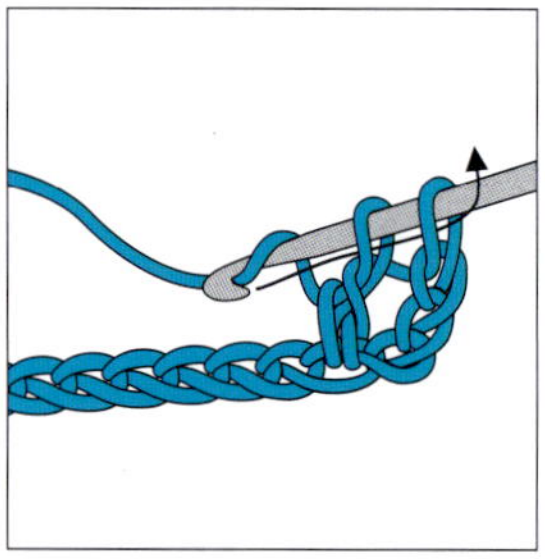

1 Umschlag bilden und durch die letzten 2 Schlingen auf der Nadel ziehen.

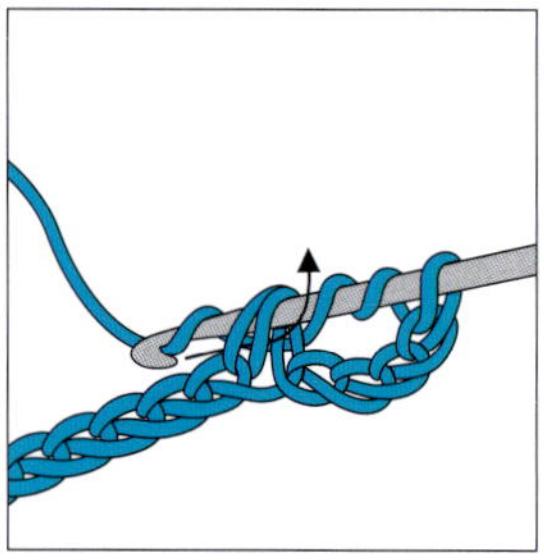

Doppelstäbchen

2 Umschläge bilden, einstechen, Faden holen und durchziehen (= 4 Schlingen auf der Nadel). Nun 3x nacheinander Faden holen und jeweils durch 2 Schlingen ziehen.

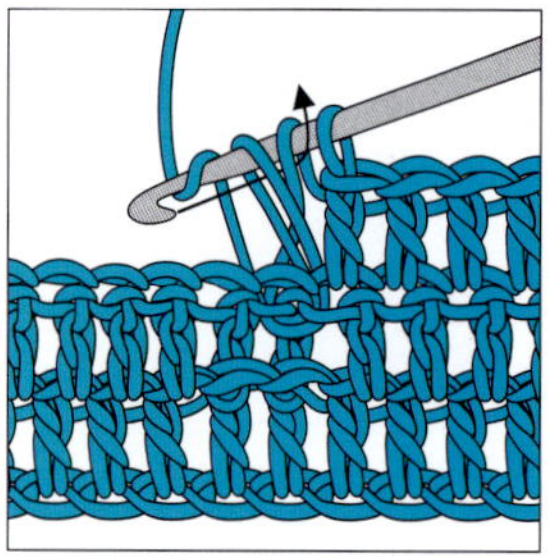

Reliefstäbchen von hinten

1 Umschlag bilden, von hinten nach vorn um das Stäbchen der Vorreihe einstechen und hinten wieder ausstechen. Den Faden durchholen und die Masche beenden.

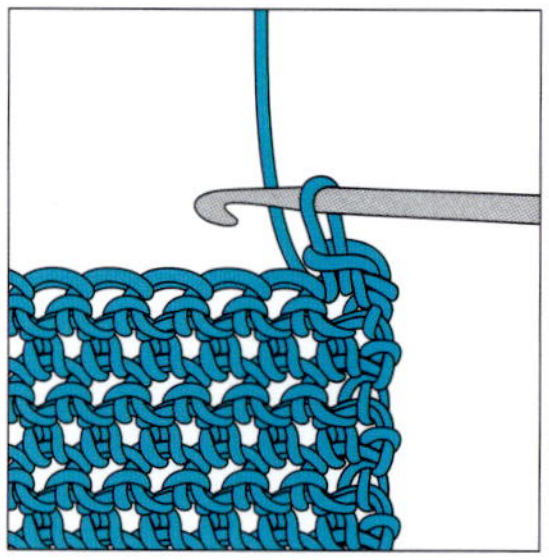

Abnahme am Rand

Am rechten Rand 1 Masche bzw. die angegebene Zahl Maschen übergehen. Dazu in soviele Maschen wie abgenommen werden, Kettmaschen häkeln. Diese in der Rückreihe nicht behäkeln.

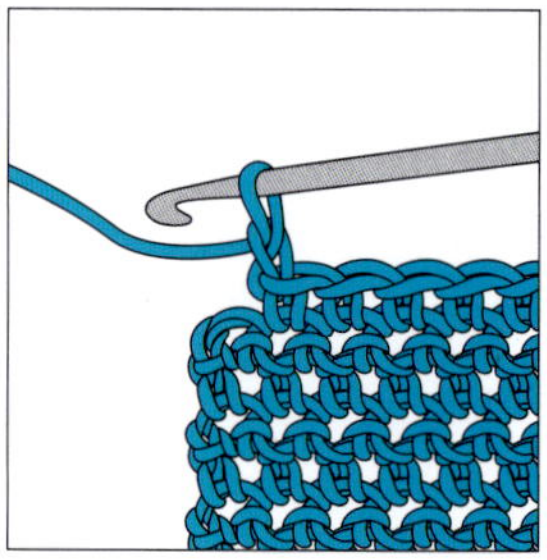

Bis zum linken Rand häkeln, aber die letzte Masche bzw. die angegebene Zahl Maschen unbehäkelt lassen. Folgt in der nächsten Reihe keine Abnahme, die 1 Masche durch eine Wende-Luftmasche ersetzen.

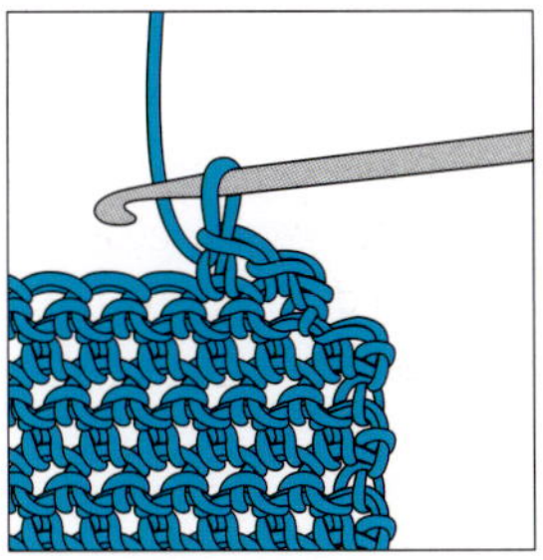

Wird in der folgenden Reihe sofort wieder abgenommen, die entsprechenden Maschen mit Kettmaschen überhäkeln und mustergemäß weiterarbeiten.

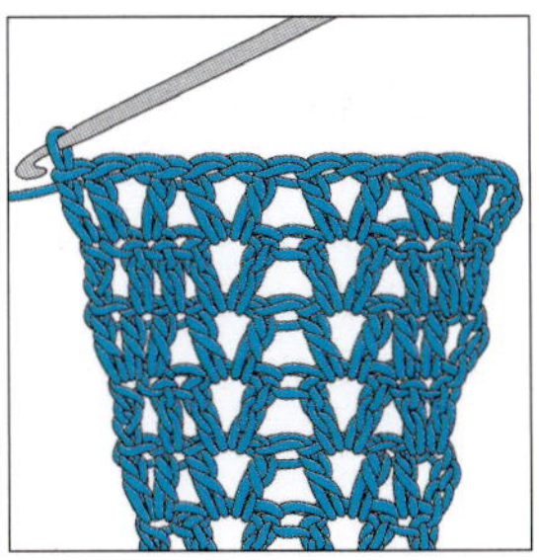

Zunahme am Rand

Am Anfang bzw. Ende der Reihe in die 1. bzw. letzte Masche der Vorreihe 2 Maschen häkeln.

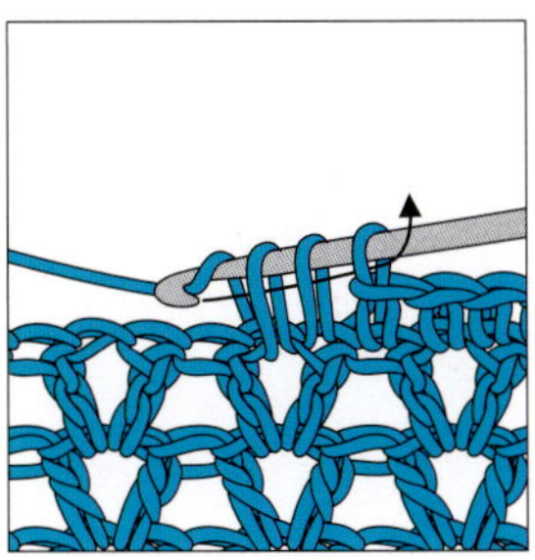

Maschen zusammen abmaschen

Jede Masche nur bis zum letzten Schritt arbeiten, dann Faden holen und alle auf der Nadel liegenden Schlingen zusammen abmaschen. Im Bild werden feste Maschen zusammen abgemascht.

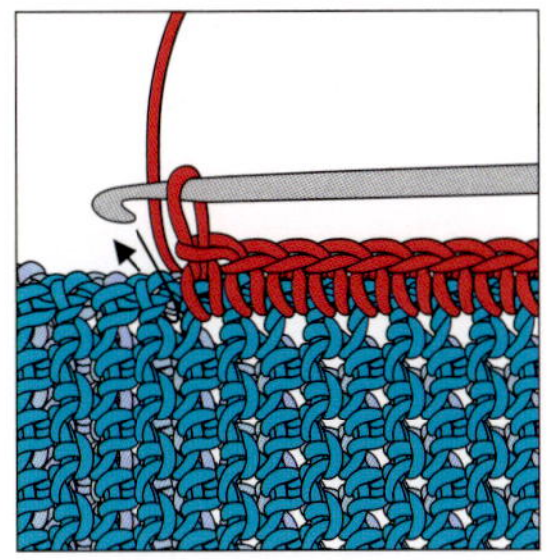

Naht mit festen Maschen

Häkelteile exakt aufeinanderlegen und mit einer Reihe fester Maschen verbinden. Es wird jeweils durch beide Teile eingestochen. Die Maschenreihe legt sich auf die Kante.

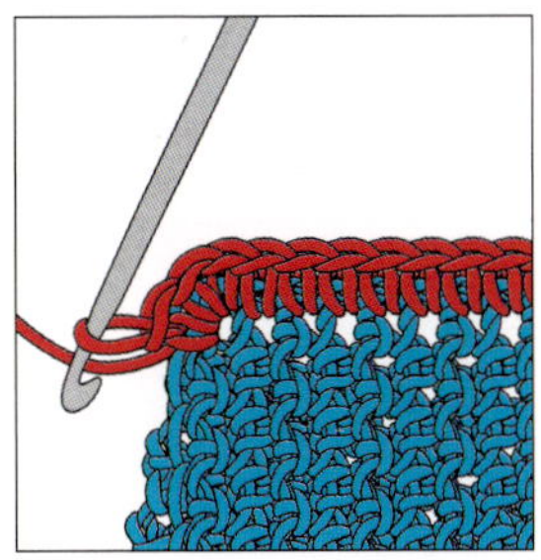

An einer Ecke in die letzte Einstichstelle vor der Ecke mehrmals einstechen (meist 3 Maschen), damit die Naht etwas Mehrweite für die Ecke bekommt.

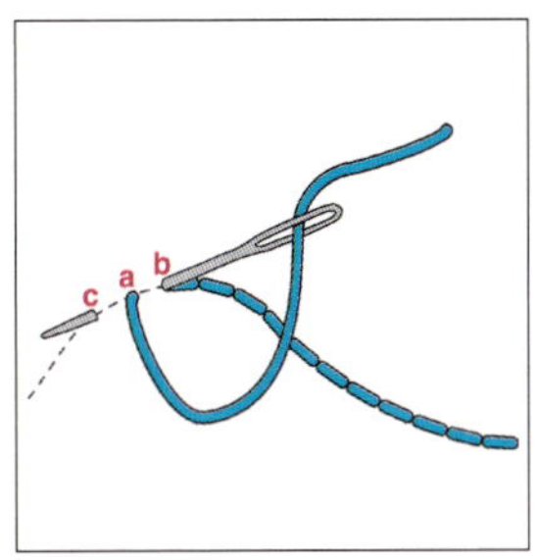

Steppstich

Von der Unterseite austechen (a) und auf der Oberseite ein Rückwärts-Stich zum Ende des vorhergehenden Stichs machen (b). Nun auf der Unterseite um die doppelte Länge nach vorne einstechen (c) und auf der Oberseite wieder zurück zum ersten Einstichloch (a) gehen.

Impressum

Design & Realisation: Veronika Hug und Sonja Prell
Redaktion: Maria Möllenkamp
Fotos & Styling: Uli Glasemann & Elke Reith
Projektmanagement: A. Reuß
Lektorat: A. Reuß
Umschlaggestaltung: Sophie Schillo
Satz: Jeanette Frieberg, Buchgestaltung | Mediendesign, Leipzig
Repro: LUDWIG:media
Herstellung: Stephanie Schlemmer
Printed in Türkiye by Elma Basim

★★★★★

Sind Sie mit diesem Titel zufrieden? Dann würden wir uns über Ihre Weiterempfehlung freuen. Erzählen Sie es im Freundeskreis, berichten Sie Ihrem Buchhändler oder bewerten Sie beim Onlinekauf. Und wenn Sie Kritik, Korrekturen, Aktualisierungen haben, freuen wir uns über Ihre Nachricht an: Christian Verlag, Postfach 40 02 09, 80702 München oder per E-Mail an lektorat@verlagshaus.de.

Unser komplettes Programm finden Sie unter

www.christophorus-verlag.de

Autorin und Verlag haben alle Angaben und Anleitungen mit größtmöglicher Sorgfalt zusammengestellt. Dennoch kann bei Fehlern keinerlei Haftung für direkte oder indirekte Folgen übernommen werden. Garne, Materialien und Modelle können von den jeweiligen Originalen abweichen. Die bildliche Darstellung ist unverbindlich. Sollte dieses Werk Links auf Websites Dritter enthalten, so machen wir uns die Inhalte nicht zu eigen und übernehmen für die Inhalte keine Haftung.
In diesem Buch wird aus Gründen der besseren Lesbarkeit das generische Maskulinum verwendet. Weibliche und anderweitige Geschlechteridentitäten werden dabei ausdrücklich mitgemeint, soweit es für die Aussage erforderlich ist.

Herstellerverzeichnis
- Woolly Hugs über Langendorf und Keller GmbH (L & K), www.langendorf-keller.de

Die Deutsche Nationalbibliothek verzeichnet diese Publikation in der Deutschen Nationalbibliografie; detaillierte bibliografische Daten sind im Internet über http://dnb.d-nb.de abrufbar.

3. Auflage 2024

ISBN 978-3-8410-6619-0

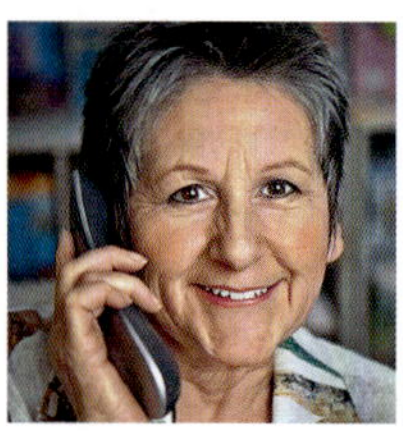

Kreativ-Service

Sie haben Fragen zu den Büchern und Materialien? Frau Erika Noll ist für Sie da und berät Sie rund um alle Kreativthemen. Rufen Sie an! Wir interessieren uns auch für Ihre eigenen Ideen und Anregungen. Sie erreichen Frau Noll per E-Mail: mail@kreativ-service.info oder Tel.: +49 (0) 5052/911858

Besuchen Sie uns im Internet: www.christophorus-verlag.de